INTERPRETÁFRICA

Variedades del inglés de África e interpretación. El caso de Zimbabue

María Recuenco Peñalver y Miriam Seghiri

INTERPRETÁFRICA

Variedades del inglés de África e interpretación. El caso de Zimbabue

Granada, 2024

Colección indexada en la MLA International Bibliography desde 2005

EDITORIAL COMARES

INTERLINGUA

374

Colección fundada por Emilio Ortega Arjonilla y Pedro San Ginés Aguilar

Directores de la colección:
Ana Belén Martínez López - Pedro San Ginés Aguilar

Comité Científico (Asesor):

Esperanza Alarcón Navío Universidad de Granada
Jesús Baigorri Jalón Universidad de Salamanca
Christian Balliu ISTI, Bruxelles
Lorenzo Blini LUSPIO, Roma
Anabel Borja Albí Universitat Jaume I de Castellón
Nicolás A. Campos Plaza Universidad de Murcia
Miguel Á. Candel-Mora Universidad Politécnica de Valencia
Ángela Collados Aís Universidad de Granada
Miguel Duro Moreno Woolf University
Francisco J. García Marcos Universidad de Almería
Gloria Guerrero Ramos Universidad de Málaga
Catalina Jiménez Hurtado Universidad de Granada

Óscar Jiménez Serrano Universidad de Granada
Ángela Larrea Espiral Universidad de Córdoba
Helena Lozano Università di Trieste
Maria Joao Marçalo Universidade de Évora
Francisco Matte Bon Luspio, Roma
José Manuel Muñoz Muñoz Universidad de Córdoba
Antonio Raigón Rodríguez Universidad de Córdoba
Chelo Vargas-Sierra Universidad de Alicante
Mercedes Vella Ramírez Universidad de Córdoba
África Vidal Claramonte Universidad de Salamanca
Gerd Wotjak Universidad de Leipzig

ENVÍO DE PROPUESTAS DE PUBLICACIÓN:

Las propuestas de publicación han de ser remitidas (en archivo adjunto, con formato PDF) a alguna de las siguientes direcciones electrónicas: anabelen.martinez@uco.es, psgines@ugr.es

Antes de aceptar una obra para su publicación en la colección INTERLINGUA, ésta habrá de ser sometida a una revisión anónima por pares. Para llevarla a cabo se contará, inicialmente, con los miembros del comité científico asesor. En casos justificados, se acudirá a otros especialistas de reconocido prestigio en la materia objeto de consideración.

Los autores conocerán el resultado de la evaluación previa en un plazo no superior a 60 días. Una vez aceptada la obra para su publicación en INTERLINGUA (o integradas las modificaciones que se hiciesen constar en el resultado de la evaluación), habrán de dirigirse a la Editorial Comares para iniciar el proceso de edición.

Agradecimientos y reconocimientos

Este libro se ha financiado gracias a las ayudas del Grupo de Investigación Reconocido TRADHUC (Traducción Humanística y Cultural) de la Universidad de Valladolid y de la red docente de excelencia TACTRAD de la Universidad de Málaga. Asimismo, el presente trabajo se ha llevado a cabo en el seno de las actividades del Instituto Universitario de Investigación de Tecnologías Lingüísticas Multilingües (IUITLM) de la Universidad de Málaga, además de en los Grupos de Investigación Lexicografía y Traducción (LexyTrad, HUM106), Traducción, Literatura y Sociedad (TLS) de la Universidad de Málaga y Traducción Humanística y Cultura de la Universidad de Valladolid. También se ha desarrollado en el marco de los proyectos GAMETRAPP (ref. TED2021-129789B-I00), Sistema Integrado Voz-Texto para Intérpretes: Prueba de Concepto (Ref. PDC2021-121220-I00), El Aula Invertida como Metodología para la Enseñanza-Aprendizaje de la Traducción Automática (Ref. PIE22-124), TRADUTEACH, DIFARMA (HUM106-G-FFEDER) y DICENS (C-HUM-106-UGR23). Deseamos agradecer el apoyo ofrecido durante la realización de las grabaciones del equipo técnico de la Facultad de Traducción e Interpretación del Campus de Soria, perteneciente a la Universidad de Valladolid.

Ilustraciones y fotos: Banco de Google Images

Grabaciones
Voces:
Conferencia 1-6: Lorena Arce Romeral, España; Johannes Siziwa, Zimbabue
Conferencia 8-12: María Recuenco Peñalver, España; Johannes Siziwa, Zimbabue

Técnicos de sonido: José Reyes López, Universidad de Valladolid

Sumario

Prólogo
África, un continente para la interpretación

La práctica de la interpretación ha sido empleada de manera metafórica en más de una ocasión por escritores poscoloniales africanos. Entre los ejemplos más imperecederos cabe recordar la novela titulada, así precisamente, *The Interpreters* (1965), del premio nobel nigeriano Wole Soyinka (1934-), primer africano que obtuvo tal galardón por su carrera literaria. Cinco amigos, los intérpretes, graduados todos ellos en universidades extranjeras, regresan a Nigeria, su país recientemente independizado para enfrentarse a los grandes retos a los que se enfrenta su nación y luchar contra la desilusión generalizada y el desanimo personal. Desde sus atalayas de protagonistas sociales de la nueva era, ya sea como político, profesor universitario, periodista, ingeniero o artista, entre otros roles, «interpretan» para sus conciudadanos el mundo exterior que han conocido y donde se han formado, es decir, comparten los contenidos de las lenguas de los foráneos a las lenguas nativas; igualmente, pero en dirección contraria, «interpretan» para el mundo exterior, no nigeriano, no africano poscolonial, no independiente de nuevo, etc., las complejas contradicciones de su sociedad emergente. Pertenecen a dos mundos, son intérpretes entre lenguas y culturas sin saberlo.

Pero la íntima unión de la interpretación de lenguas humanas y el continente africano hunde sus raíces en siglos más lejanos. El floreciente comercio transahariano entre los siglos VIII y XVI, desde las regiones ribereñas del Mediterráneo y más allá hasta los imperios medievales de la cuenca del río Níger: Mali, Ghana, Benín, etc., no hubiera sido posible sin el concurso de intérpretes. Lo mismo puede predicarse de las rutas comerciales milenarias del océano Índico, entre las orillas del oriente africano y las grandes potencias asiáticas, China y la India. Aunque se creará una lengua para facilitar la comunicación, el suajili, es impensable descartar la ayuda de intérpretes.

Cuando desde mediados del siglo XIX, el corazón de África, más o menos tenebroso, según nos enseñó Joseph Conrad (1857-1924), se abrió definitivamente a la exploración y posterior conquista europea –el llamado reparto de África– los protagonistas de aquellas avanzadillas aventureras, sin duda, tuvieron que contar con la asistencia de intérpretes, los primeros bilingües, para poder superar las barreras entre lenguas que nunca antes habían estado en contacto: las europeas, pocas, y las africanas, miles. Dentro del séquito de leyendas históricas como David Livingstone (1813-1873), Henry Morton Stanley (1841-1904), Pierre de Brazza (1952-1911) o Manuel Iradier (1854-1911), hubo intérpretes que consolidaron e hicieron posible su ascenso a los altares de la historia, aunque no nos hayan llegado sus nombres.

Cuando las colonias se fueron asentando y la nueva vida y cultura híbridas fueron dominando el panorama, cuando el pasado comenzó a desmoronarse, los iniciados, los primeros que absorbieron los modos y maneras de los amos coloniales, desde su educación y administración, a sus valores y religiones, se convirtieron en los puentes humanos entre las dos culturas, las dos épocas y las dos realidades. Se convirtieron en intérpretes bilingües, como de manera tan magistral nos narró Chinua Achebe (1930-2013) en su *Things Fall Apart* (1958).

Pero, aunque el pasado de la historia y la práctica de la interpretación en África sea tan atractivo y aún tengamos pendiente redactar una narración completa de esta página de la historia, no quiero, con estas letras, dormirme en los laureles de las glorias pretéritas. África hoy requiere mucha interpretación, sobre todo si queremos que las lenguas nativas del continente sobrevivan y no sean un obstáculo para la comunicación. Además, está la lengua inglesa, la de las incontables variantes, plenamente africana, híbrida, indígena y encarnada en el continente. Nadie interpretará desde o hacia el inglés, en África, con tonos o modismos del inglés de otras latitudes. Se hará en el inglés local de cada sitio.

Por ello resulta tan loable el acercamiento que nos propone este monográfico dedicado a conocer un pequeño-gran y muy sufrido país del interior del África austral: Zimbabue. Esta nación lo merece y no debería permanecer tan ignorada entre nuestros contextos hispanos por más tiempo. Su historia, su economía, su naturaleza, sus costumbres, su política, etc., todo ello se nos presenta con devoción y sabiduría, y desde el prisma del ejercicio de la interpretación de conferencias. No encontramos, por otra parte, con unos excelentes ejercicios, tanto para docentes, como para aprendices de la interpretación, encaminados al dominio de este arte y de esta técnica, pero por una vez, desde una perspectiva diferente, exótica y esencialmente enriquecedora.

No me resta más que expresar mi más sentida enhorabuena a las autoras de *Interpretáfrica: variedades del inglés de África e interpretación. El caso de Zimbabue,* por su discernimiento y por su valentía, y por el esfuerzo y visión de haberlo llevado a término. Deseemos que en un futuro no muy lejano, otros muchos proyectos como este, tan africanista y tan diferente, surjan y pueblen la plaza mayor del saber público. África lo necesita y, por qué no, lo demanda.

Juan Miguel ZARANDONA
Universidad de Valladolid

Introducción

La interpretación de conferencias en el ámbito internacional desempeña un papel fundamental en la comunicación efectiva entre personas que hablan diferentes lenguas. En un mundo cada vez más globalizado, donde la colaboración y el intercambio de conocimientos son esenciales, la habilidad de transmitir mensajes de manera precisa y fluida en diversos contextos se ha vuelto crucial. La interpretación de conferencias, como disciplina especializada, se erige como un puente lingüístico que facilita la comprensión mutua y fomenta la cooperación en distintos ámbitos.

De este modo, podemos afirmar que la interpretación de conferencias es fundamental en reuniones internacionales, cumbres y congresos, donde líderes de diferentes países convergen para discutir asuntos críticos, y la interpretación garantiza que las conversaciones transcurran sin barreras lingüísticas. Esto es crucial para la construcción de relaciones internacionales sólidas, la resolución de conflictos y la promoción de la paz mundial.

Además, en el mundo empresarial, la interpretación de conferencias desempeña un papel vital en la expansión de las empresas a nivel global. Las corporaciones multinacionales llevan a cabo conferencias, presentaciones y negociaciones en diversos países, y la interpretación asegura que el mensaje de la empresa se transmita de manera coherente y precisa en todos los lugares donde opera. Esto no solo facilita la toma de decisiones estratégicas, sino que también contribuye a construir una imagen corporativa sólida y coherente en el escenario internacional.

En el ámbito universitario, la interpretación de conferencias juega un papel crucial en la difusión del conocimiento. En congresos internacionales, investigadores y docentes universitarios presentan sus descubrimientos y teorías a colegas de todo el mundo. La interpretación no solo permite que estas presentaciones sean accesibles para un público global, sino que también fomenta la colaboración y el intercambio de ideas entre diferentes culturas y perspectivas académicas.

La interpretación de conferencias también se revela como un elemento esencial en el ámbito de la cooperación humanitaria. En situaciones de crisis y emergencia, donde la ayuda internacional es crucial, los intérpretes facilitan la comunicación entre equipos de diferentes nacionalidades que trabajan juntos para proporcionar asistencia. Ya sea en contextos médicos, de socorro o de reconstrucción, la interpretación de conferencias contribuye directamente a salvar vidas y a abordar problemas humanitarios de manera más efectiva.

En la era de la información, donde las noticias y los eventos se transmiten instantáneamente en todo el mundo, la interpretación de conferencias se vuelve aún más vital. La capacidad de interpretar discursos en tiempo real durante eventos internacionales, como conferencias de prensa y transmisiones en directo, asegura que la audiencia global pueda entender los acontecimientos de manera precisa y oportuna, sin importar el idioma en el que se expresen originalmente.

Así, la interpretación de conferencias a nivel internacional desempeña un papel esencial en la construcción de puentes entre culturas, facilitando la comunicación efectiva en todos los ámbitos de la sociedad globalizada. Desde la diplomacia hasta los negocios, la academia y la ayuda humanitaria, la interpretación de conferencias se erige como un facilitador clave para la comprensión mutua, la cooperación y el progreso mundial. En un mundo donde la diversidad lingüística es una realidad innegable, la relevancia de esta disciplina no puede ser subestimada.

Dentro de la interpretación de conferencias destacan dos técnicas, a saber, la técnica de interpretación consecutiva y la de simultánea. Por un lado, la interpretación consecutiva implica que el intérprete escuche el discurso original y tome notas detalladas mientras el orador habla. Una vez que el orador ha concluido un fragmento o una idea, el intérprete reproduce la información en el idioma de destino. Esta técnica es más lenta, pues adolece de medios técnicos, y el proceso implica pausas para la interpretación, prolongando la duración total del evento; sin embargo, la interpretación consecutiva permite una mayor precisión y la capacidad de transmitir matices culturales y emocionales con más detalle. Por otro lado, la interpretación simultánea se realiza en tiempo real, sin interrupciones significativas, y se requiere de medios técnicos. Los intérpretes simultáneos trabajan, por lo general, desde cabinas insonorizadas, escuchando al orador a través de auriculares y transmitiendo la interpretación a los receptores en tiempo real. Esta técnica requiere habilidades excepcionales de multitarea, ya que el intérprete debe procesar y reproducir la información simultáneamente, manteniendo el ritmo del hablante. Aunque la interpretación simultánea es más rápida y eficiente en términos de tiempo, puede haber cierta pérdida de matices y detalles sutiles debido a la velocidad del proceso. Además, tal y como subrayan cada vez más autores (*vid.* Arce y Seghiri, 2018; Castillo-Rodríguez *et al.*, 2023; Corpas Pastor y Seghiri, 2016 y 2024; Lazzaro *et al.*, 2024; Pérez Carrasco y Seghiri, 2024a, 2024b y 2024c; o Seghiri, 2017), la tecnología está desempeñando un papel cada vez más destacado en la interpretación de conferencias, gracias a herramientas de traducción automática y sistemas de interpretación simultánea asistida por ordenador, aunque bien es cierto que los intérpretes siguen siendo indispensables para comprender las sutilezas culturales, humorísticas o culturales, por mencionar solo algunas de las más significativas.

A pesar de la relevancia de la interpretación, y de estas dos técnicas (consecutiva y simultánea) en el panorama internacional, sorprende la escasez de materiales docentes para entrenar a futuros intérpretes profesionales. En esta misma línea apuntan Lazzaro *et al.* (2024) al afirmar que:

> [l]a falta de estos materiales docentes para intérpretes se hace más que evidente en bases de datos como BITRA: Bibliografía de Interpretación y Traducción. A pesar de que la traducción e interpretación son dos disciplinas que se suelen enseñar de forma conjunta en los actuales grados en Traducción e Interpretación, la carga docente de ambas materias está desequilibrada, siendo mucho mayor las horas y asignaturas que se dedican a la Traducción. Ello tiene un reflejo inmediato en la investigación y en los materiales didácticos disponibles. De este modo, BITRA, que afirma tener más de 93.000 entradas bibliográficas, solo 11.815 pertenecen al campo de la Interpretación, esto es solo un 12,7 %. Si las búsquedas [...] se limitan a "Interpretación simultánea", los registros descienden a 1.350 (un 14,5 %); a "Interpretación consecutiva", las entradas pasan a 426 (un 0,5 %); y, si combinamos los campos de "pedagogía" e "interpretación", sorprendentemente las entradas bajan drásticamente a los 325 resultados (un 0,3 %) [...]. Con estos datos, no cabe duda de que la escasez de material didáctico en interpretación plantea una serie de desafíos tanto para los docentes como para los discentes de interpretación de conferencias.

Esta escasez se hace aún más notable si queremos formar a futuros intérpretes en las variedades del inglés distintas a las de Reino Unido o Estados Unidos, como, por ejemplo, aquellas habladas en África. Estamos ante un terreno absolutamente yermo, a pesar del dilatado número de países en el citado continente en los que el inglés es lengua oficial, y de que, tal y como apunta el portal MundoNegro[1], «si solo nos fijamos en las 2.264.504 personas extracomunitarias instaladas en España, ahí aparece con fuerza África, situándose como el continente que más inmigración está aportando. El 44 % de residentes de fuera de Europa procede de África, [...] con más de un millón de ciudadanos».

Así, en África, varios países tienen el inglés como idioma oficial, principalmente debido a la influencia colonial británica. A continuación, se enumeran siguiendo el orden alfabético los países africanos en los que el inglés es el idioma oficial y el año en que se estableció como tal:

1. Botsuana: el inglés es uno de los idiomas oficiales desde su independencia en 1966.
2. Camerún: el inglés es uno de los idiomas oficiales en la región anglófona del país. La independencia se logró en 1960.

---

[1]   https://mundonegro.es/asi-somos/

3. Gambia: el inglés es el idioma oficial desde la independencia en 1965.
4. Ghana: el inglés es el idioma oficial desde su independencia en 1957.
5. Kenia: el inglés es el idioma oficial desde la independencia en 1963.
6. Lesoto: el inglés es uno de los idiomas oficiales desde la independencia en 1966.
7. Liberia: el inglés es el idioma oficial de Liberia, un país fundado por esclavos liberados, y ha sido utilizado desde el siglo XIX.
8. Malaui: el inglés es el idioma oficial desde la independencia en 1964.
9. Mauricio: el inglés es uno de los idiomas oficiales desde la independencia en 1968.
10. Namibia: el idioma oficial desde su independencia en 1990 es el inglés.
11. Nigeria: el inglés es el idioma oficial desde la independencia en 1960.
12. Ruanda: el inglés es uno de los idiomas oficiales desde 2017, aunque la enseñanza y la administración también utilizan el francés y el kinyarwanda.
13. Seychelles: el inglés es uno de los idiomas oficiales desde la independencia en 1976.
14. Sierra Leona: el inglés es el idioma oficial desde la independencia en 1961.
15. Suazilandia (ahora Esuatini): el inglés es uno de los idiomas oficiales desde la independencia en 1968.
16. Sudáfrica: cuenta con once lenguas oficiales, entre las que se encuentra el inglés. La independencia de este país tuvo lugar en 1961.
17. Sudán: el inglés es desde 2005 lengua oficial, junto con el árabe.
18. Sudán del Sur: el inglés es el idioma oficial desde su independencia en 2011.
19. Tanzania: el inglés es el idioma oficial desde la independencia en 1961.
20. Uganda: el inglés es el idioma oficial desde la independencia en 1962.
21. Zambia: el inglés es el idioma oficial desde la independencia en 1964.
22. Zimbabue: el inglés es el idioma oficial desde la independencia en 1980.

Cabe destacar que, en muchos de estos países, además del inglés, se hablan varias lenguas locales. Para más información sobre la historia de la lengua inglesa en el continente africano y, en concreto, de la situación en Nigeria y en Sudáfrica, véase Zarandona (2010). Entre todos estos países, quisiéramos destacar la relevancia de Zimbabue, ubicado en el sur de África, país que ha desempeñado un papel significativo en la historia y la geopolítica de la región. A pesar de enfrentarse a grandes desafíos económicos y políticos, Zimbabue sigue ocupando un lugar significativo en el continente africano por varias razones:

1. Herencia histórica: Zimbabue tiene una rica herencia histórica, destacando la antigua civilización de Gran Zimbabue, un centro comercial y político que floreció entre los siglos XI y XV. Este patrimonio contribuye a la identidad cultural y al atractivo turístico del país.

2. Independencia y descolonización: Zimbabue, conocido anteriormente como Rodesia del Sur, fue un escenario clave en la lucha contra el régimen del apartheid. En 1980, Zimbabue logró la independencia del dominio colonial británico y Robert Mugabe (1924-2019) se convirtió en el primer líder del país independiente, sirviendo como ejemplo a otros países.

3. Desarrollo económico y agrícola: antes de los desafíos económicos más recientes, Zimbabue era conocido como el «granero de África» debido a su próspera industria agrícola; sin embargo, problemas como la reforma agraria y la hiperinflación han afectado negativamente la economía en las últimas décadas.

4. Problemas políticos y sociales: Zimbabue ha experimentado períodos de agitación política y crisis económicas, incluida una serie de controversiales políticas implementadas por el Gobierno. Estos problemas han generado interés internacional y han destacado la importancia de abordar cuestiones como la gobernanza y los derechos humanos.

5. Recursos naturales: Zimbabue cuenta con recursos naturales significativos, incluyendo minerales como el oro, diamantes, platino y otros. Estos recursos tienen el potencial de contribuir al desarrollo económico del país.

6. Estabilidad regional: Zimbabue desempeña un papel importante en la estabilidad regional del sur de África. Los acontecimientos políticos y económicos en el país pueden afectar a sus vecinos y la comunidad internacional ha mostrado interés en apoyar soluciones sostenibles para los desafíos a los que se enfrenta Zimbabue.

Desde un punto de vista lingüístico, Zimbabue ofrece una gran diversidad de lenguas, hecho que refleja la variedad étnica y cultural de su población. Los idiomas oficiales y no oficiales se utilizan en distintos contextos y la siguiente información proporciona una visión general de la situación lingüística en Zimbabue. De este modo, de una parte, los idiomas oficiales de Zimbabue son los siguientes:

1. Inglés: es el idioma oficial y se utiliza en la administración, la educación y los medios de comunicación. Aunque es el idioma principal para asuntos oficiales, no es hablado como lengua materna por la mayoría de la población.

2. Shona: es uno de los idiomas oficiales y es hablado por la mayoría étnica shona. Tiene varios dialectos y es la lengua materna de un gran segmento de la población.

3. Ndebele: también es un idioma oficial y es hablado principalmente por el grupo étnico ndebele en la región occidental del país.

De otra parte, también existen otros idiomas en el país, aunque no oficiales, como son:

1. Chewa (chichewa): hablado por una parte de la población, en distintas regiones del país.

2. Tonga: hablado principalmente en la región del sur.
3. Venda: hablado por la comunidad venda en el sur del país.
4. Nambya: hablado por la etnia nambya.
5. Kalanga: hablado por la etnia lalanga.
6. Soto y tswana: hablados por comunidades en la región suroeste.

En lo referente al porcentaje de hablantes de estas lenguas:

1. Shona: aproximadamente el 70-80 % de la población habla shona.
2. Ndebele: alrededor del 20 % de la población habla ndebele.
3. Otros idiomas: los demás idiomas se encuentran en comunidades más pequeñas y varían en su distribución.

Es importante destacar que Zimbabue es un país multicultural con una rica diversidad de lenguas. Las cifras y porcentajes pueden variar y son aproximados, ya que la situación lingüística está sujeta a cambios y depende de factores como la migración y las dinámicas demográficas.

Precisamente el presente volumen viene a intentar llenar el vacío existente en la formación de intérpretes de conferencias en la variedad del inglés africano, en concreto, para aquella hablada en Zimbabue. Los recursos aquí presentados podrán ser empleados, principalmente, aunque no únicamente, por hablantes de español —en sus diferentes variedades diatópicas— para entrenar la modalidad de interpretación directa del inglés (en su variedad de Zimbabue) al español, así como por discentes cuya lengua materna sea el inglés (en cualquiera de sus variedades), para trabajar la modalidad de interpretación inversa (del inglés hacia el español, por ejemplo).

De este modo, en el presente manual se abordarán temas culturales propios del país como su historia, geografía, religión y grupos étnicos; idiomas de Zimbabue; la mejor época para visitar el país; Gran Zimbabue; las cataratas Victoria; la gastronomía zimbabuense y el gusano del mopane; los deportes del país; el Festival Internacional de las Artes de Harare (HIFA); la música zimbabuense y la mbira; la literatura zimbabuense y Tsitsi Dangarembga; el cine zimbabuense, la película *Cook Off* (2017) y las actrices Danai Jekesai Gurira y Sibongile Mlambo; y, por último, la política zimbabuense y la figura política de Robert Mugabe.

Asimismo, en lo referente a los acentos a los que se expondrá a los discentes a través de las grabaciones de audio creadas para este volumen, conviene subrayar que la variedad del inglés hablado en Zimbabue, al ser uno de los idiomas oficiales del país, muestra ciertas características distintivas influenciadas por factores históricos, culturales y lingüísticos. A continuación, presentamos algunas características de la variedad del inglés hablado en Zimbabue:

1. Influencia de lenguas locales: a pesar de que el inglés es el idioma oficial, se ve influenciado por las lenguas locales como el shona y el ndebele. Pueden aparecer préstamos léxicos y estructuras gramaticales de estos idiomas.

2. Acento y pronunciación: el acento y la pronunciación pueden variar, pero, generalmente, el inglés hablado en Zimbabue tiene un tono distintivo que refleja la diversidad lingüística del país. Las características fonéticas pueden diferir de las variedades del inglés habladas en otros lugares.

3. Vocalización: en algunas variedades del inglés zimbabuense, puede haber tendencias hacia la vocalización de ciertos sonidos. Por ejemplo, en ciertos contextos, las vocales pueden ser pronunciadas de manera más abierta o nasal.

4. Aspiración de consonantes: dependiendo del contexto y del hablante, puede haber aspiración de ciertas consonantes, especialmente al inicio o final de las palabras.

5. Código alternante: es común que los hablantes de inglés en Zimbabue alternen entre el inglés y las lenguas locales en la conversación diaria. Este fenómeno, conocido como código alternante, es una expresión de la diversidad lingüística del país.

6. Vocabulario específico: puede haber expresiones y términos específicos de Zimbabue que no se encuentren en otras variedades del inglés. Estos pueden estar relacionados con aspectos culturales, históricos o sociales propios del país.

7. Formalidad y contexto social: el nivel de formalidad del inglés puede variar según el contexto social. En situaciones más formales, como en la administración o en el ámbito universitario, se puede utilizar un inglés más estándar, mientras que en entornos informales la variante local y el código alternante pueden ser más prominentes.

8. Influencia de medios de comunicación: la exposición a los medios de comunicación, como la televisión y la radio, puede tener un impacto en la variante del inglés hablado. Los presentadores y actores en los medios pueden influir en la pronunciación y el uso del lenguaje.

9. Dinámicas generacionales: las diferencias en el uso del inglés también pueden observarse entre diferentes generaciones. Los más jóvenes pueden adoptar términos y modismos más modernos, mientras que las generaciones mayores pueden tener una influencia lingüística más arraigada en las tradiciones.

Estas características ofrecen una visión general de la variante del inglés hablado en Zimbabue, destacando su naturaleza única dentro del contexto africano y su adaptación a la diversidad cultural del país.

De otro lado, en este punto, procedemos a describir sucintamente las características de la variedad diatópica del español peninsular estándar. Esta variedad es en la que, primero, un orador dará paso y, finalmente, concluirá los discursos de los ponentes, de modo que también pueda practicarse, aunque en menor proporción, la interpretación inversa hacia el inglés.

El español de España tiene ciertas características de pronunciación y fonética que lo distinguen de otras variedades, como el español de América Latina. Seguidamente presentamos algunas características comunes del español hablado en España:

1. Seseo: el seseo se da en determinadas regiones de España, especialmente en el sur (Andalucía y Canarias), donde no hay distinción entre los sonidos de «s» y «z» o «c» suave, y ambos se pronuncian como [s]. Por ejemplo, «casa» y «caza» se pronuncian de la misma manera.

2. Ceceo: en algunas áreas, especialmente en Andalucía, se distingue entre «s» y «z» o «c» suave, pero se pronuncian como [θ], similar al sonido de «z» en inglés en palabras como «think».

3. Yeísmo: en la práctica totalidad de las regiones de España, no hay distinción en la pronunciación entre «ll» y «y». Ambos se pronuncian como [j] o [ʎ], dependiendo de la región.

4. Aspiración de la «s»: en algunas áreas, la «s» al final de una sílaba o palabra puede ser aspirada o pronunciada de manera más suave.

5. Pronunciación de la «d» final: en algunas regiones, la «d» final en palabras como «verdad» puede pronunciarse como un sonido más suave, similar a una «z» suave.

6. Vocalización de la «r»: en algunas áreas, especialmente en el sur de España, la «r» al final de una sílaba o palabra puede vocalizarse, transformándose en un sonido similar a una vocal.

7. Entonación regional: la entonación varía significativamente de una región a otra. Por ejemplo, en Canarias o Andalucía, la entonación puede ser más melódica y las palabras pueden pronunciarse más rápidamente que en otras regiones.

8. Elisión de vocales: en algunas regiones se puede observar la elisión de vocales finales.

Estas son solo algunas de las principales características fonéticas, que suponen generalizaciones, y pueden variar dentro de las regiones de España. Además, es importante destacar que muchas de estas características están asociadas con el español hablado en ciertas áreas específicas, y existen variaciones significativas dentro del país.

Asimismo, todos los discursos contendrán unidades de medidas utilizadas en países anglófonos (como pies, pintas, etc.) e hispanohablantes (como litros, kilómetros, etc.) con vistas a que los alumnos puedan practicar la toma de nota de cifras o conversiones de medidas durante el proceso de interpretación.

A su vez, cada discurso se acompaña de un glosario de los vocablos en inglés más complejos del discurso, junto a su equivalente en español en su variedad de España.

Finalmente, esperamos que los discursos propuestos a continuación con vistas al entrenamiento de intérpretes sirvan como guía y fuente de inspiración para todas aquellas personas que buscan construir puentes lingüísticos y culturales en el vibrante escenario africano.

CONFERENCIAS

Image 1. *An overview of Zimbabwe. History, geography, religion and ethnic groups*

An overview of Zimbabwe.
History, geography, religion and ethnic groups

Oradora en español: Lorena Arce Romeral, España.
Orador en inglés: Johannes Siziwa, Zimbabue.

Discurso disponible aquí:

Buenas tardes a todos. Les damos la más calurosa bienvenida a las X Jornadas Turísticas organizadas por la UNESCO y centradas en el continente africano. El conferenciante que nos hablará esta mañana es el Dr. Paulos Kadungure. El Dr. Kadungure lleva varios años trabajando en Sudáfrica —diez años, concretamente—, pero sigue muy vinculado a su país de origen, Zimbabue, adonde viaja con frecuencia y suele pasar la mayor parte de su tiempo libre. Dr. Kadungure, muchas gracias por estar hoy con nosotros compartiendo su saber y su experiencia. Muchas gracias también por el detalle que ha tenido con la organización de las Jornadas y los cincuenta metros de preciosas telas con motivos africanos que nos ha traído como recuerdo. Le cedo la palabra, Dr. Kadungure.

Good day, everybody. I thank you for the invitation and for the nice words. I am here today, as mentioned, to talk to you about one of my favourite places on Earth: Zimbabwe.

First, I will briefly introduce you to the history of the country.

Secondly, I will describe its geography.

Thirdly, I will discuss the country's religious groups.

Finally, I will conclude with the ethnic groups.

The history of my country in a nutshell can be described as follows: Zimbabwe's great deal of kingdoms and states have succeeded each other, since the eleventh century. The country was also a significant territory for trade, and it constituted a very important migration route. The <u>British South Africa Company</u> delimited the present territory at the end of the 19th century. In 1923 Zimbabwe became a British colony under the name of <u>Southern Rhodesia</u>. Rhodesia became an independent country in 1965, thanks to a <u>conservative white minority government</u>. After that, during 15 years, Zimbabwe experienced a terrible <u>guerrilla civil war</u> and the country was internationally isolated. Everything ended in 1980, after the signing of a peace agreement and the creation of a new country named Zimbabwe, with Robert Mugabe as the Prime Minister.

As for the geography, Zimbabwe is a Southern African country with more than 150,000 square miles, and its capital is Harare. Although it is a landlocked country, it is located between two rivers, the Limpopo, and the Zambezi rivers. The countries surrounding Zimbabwe are Mozambique, Botswana, Zambia and South Africa. Its population comes very close to 16 million citizens. There are no parts of Zimbabwe that can properly be defined as a desert, although the country and the southern part is severely arid.

In terms of the religion, in the 20th century, Christian mission schools played a very important role in Zimbabwe. In fact, most of the members of the first government of independent Zimbabwe studied in these Christian mission schools. Thus nowadays, four-fifths of Zimbabweans are Christian, half of them being Apostolic. The rest of Christian churches are also represented in the country, but their presence is a lot smaller.

Finally, with regards to Zimbabwe's ethnic diversity, the white population in the country at independence, were descendants of the first European immigrants, and they were less than a quarter of the population. After World War II, there was a heavy immigration and the white population grew, mainly coming from Britain. A few thousand Asians are also settled in the country for trading purposes. There are also many Zimbabweans of mixed race. Zimbabwe's ethnic and linguistic diversity is reflected in the 2013 Constitution of the country, which recognises 16 official languages.

I will conclude my presentation at this point. I remain at your complete disposal for any questions or doubts you may have. Thank you very much for your time and attention.

Muchísimas gracias, Dr. Kadungure, por esta interesantísima charla, de la que tanto hemos aprendido todos, sin ninguna duda. A continuación, daré paso sin más dilación a una ronda de preguntas entre el público antes de proceder al descanso para la comida. Les recuerdo que el almuerzo se servirá a las 12:30 y consistirá en una degustación de platos típicos. Mañana por la mañana, como ya saben, habrá una excursión a la Alhambra, situada a 400 kilómetros de Madrid. Les recuerdo que quedan aún plazas libres para aquellos que deseen apuntarse. Muchas gracias a todos por su atención y hasta dentro de un rato.

Propuesta de equivalencias:

— 150,000 square miles: (150 000 millas cuadradas) cerca de 390 000 km²
— Christian mission schools: escuelas misioneras cristianas
— conservative white minority government: gobierno conservador de minoría blanca
— ethnic and linguistic diversity: diversidad lingüística y étnica
— guerrilla war: guerra de guerrillas

— landlocked country: país sin salida al mar
— mixed race: de raza mixta
— Prime Minister: primer ministro
— signing of a peace agreement: firma de un acuerdo de paz
— Southern African country: país del sur de África
— Southern Rhodesia: Rodesia del Sur
— The British South Africa Company: la Compañía Británica de Sudáfrica
— trading purposes: fines comerciales

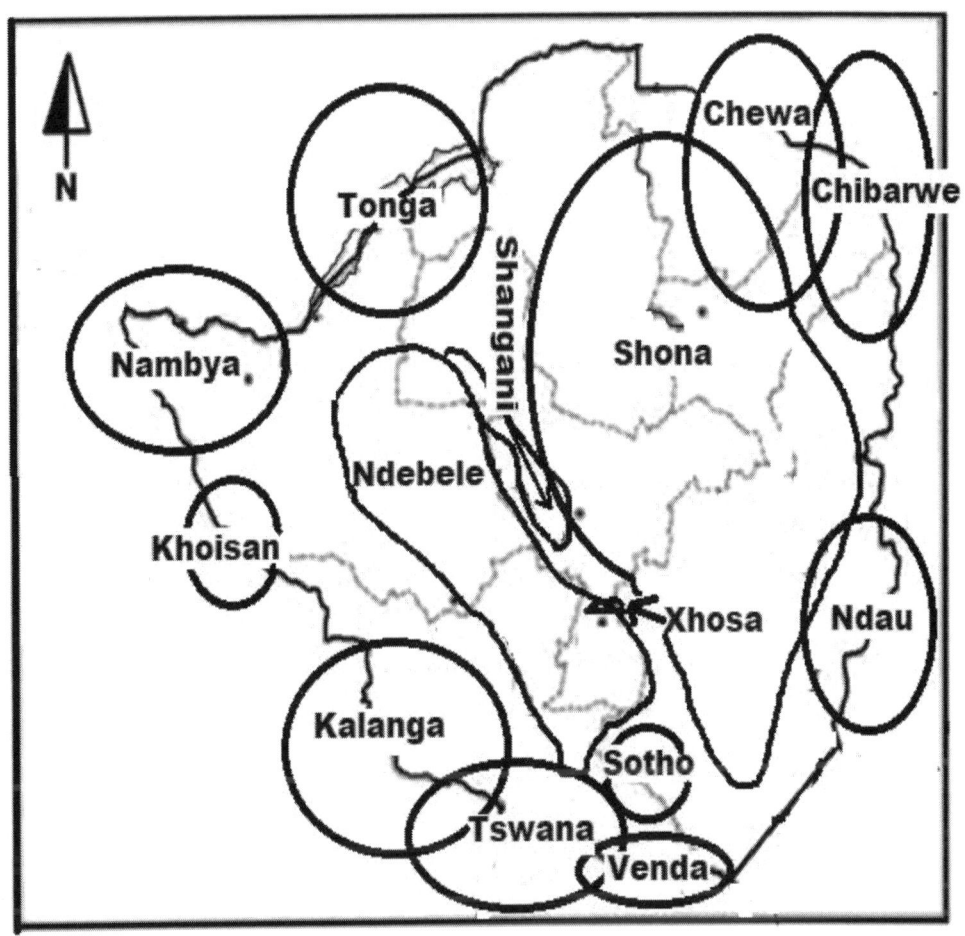

Image 2. *Languages of Zimbabwe*

Conferencia 2

LANGUAGES OF ZIMBABWE

Oradora en español: Lorena Arce Romeral, España.
Orador en inglés: Johannes Siziwa, Zimbabue.

Discurso disponible aquí:

Buenas tardes y bienvenidos a este I Congreso sobre Estudios Africanos organizado por el Departamento de Lingüística de la Universidad de Málaga. Nuestro primer conferenciante invitado es el Dr. Smith, que, aunque nacido en la Axarquía, es actualmente profesor en la Universidad de Zimbabue con sede en Harare, la capital del país, donde se dedica al estudio de las lenguas locales. Precisamente, en su conferencia de hoy nos presentará las principales lenguas habladas en Zimbabue. El Dr. Smith, además, ha traído como regalo para todos los asistentes veinte litros de vino dulce de la región, que procederemos a degustar durante la siguiente pausa. Le doy la palabra, Dr. Smith.

Thank you very much for your warm welcome, Dr López. It is a pleasure for me to be at the University of Malaga, and in this Andalusian province where I was born and grew up until the age of 5. At that age, I moved with my family to live in Harare, the capital of Zimbabwe, and from a very young age, I devoted myself to the study and preservation of the country's local languages. This is precisely what my talk will be about.

I will particularly focus on the following issues:

First, I will give a brief introduction to the main official languages of Zimbabwe.

Secondly, I will focus on the <u>Shona language,</u> the most widely spoken language in the country.

Thirdly, I will present the <u>Ndebele language,</u> the second most widely spoken language, and briefly present some of the main features of its presentation.

Fourthly, I will focus on other lesser spoken languages, namely <u>Chewa and Chibarwe languages.</u>

Let us begin with the Introduction. Zimbabwe is a conglomeration of people from different ethnic and cultural backgrounds, and this makes for a rich nation in languages. In fact, according to the Guinness Book of Records, the country holds the title of most official languages in the world since 2013, with 16 official languages spoken in the country. The most popular being English, Shona and Ndebele. Other official languages include Chewa, Chibarwe, Kalanga, Tonga, and Venda, to name just a few of the most important ones. The main native language groups are Shona and Ndebele. The rest of languages —with the exception of English— form just a small fraction of Zimbabwe's 14 million population.

The Shona language has over 10 million native speakers and even more speakers as a second language. Approximately 70 % of the population speaks Shona as their first language, which can also be named ChiShona. Harare, the capital of Zimbabwe, is made up of mainly Shona speaking. It is the most spoken language of all the Bantu group, of which the group mainly lives in Central, Southeast and Southern Africa.

Regarding the Ndebele language, it consists of approximatively 2 million native speakers. Most of which live in southern Zimbabwe, and most can also speak Shona as a second language. Ndebele speakers can be predominantly found in the city of Bulawayo, which is the second largest city of Zimbabwe, with over 600,000 people. The city of Bulawayo is about 300 miles from the capital. Ndebele is also spoken by the Bantu group. It has around two million native speakers across, not only Zimbabwe, but Botswana and South Africa. The form of speech of this language is very similar to the Zulu language, mostly spoken in South Africa. What makes Ndebele quite interesting in terms of pronunciation is its three click sounds, quite challenging for non-native speakers, shown with the letters c, q and x. For instance, the c sound is made by placing the tip of your tongue against your gums and upper lips. The tip of the tongue is moved backwards, at the same time, the centre of the tongue is pressed down. The resulting sound is like the sound used to express annoyance in the English language. Listen closely…

The q sound is made by raising the back of the tongue to touch the palate. At the same time, the sides and tip of your tongue touch the gums. The resulting sound is like a "pop" heard when removing a cork from a bottle of wine. You try repeat this… qapela, which means "pay attention".

After this explanation, does anyone wish to take the first steps in speaking Ndebele? For those interested, there will be an Ndebele pronunciation workshop and there are still places available! Thank you very much for your attention and I hope you will be encouraged to learn these languages.

Muchas gracias por su interesante charla, Dr. Smith. A continuación, abriremos una ronda de preguntas y, seguidamente, habrá una pausa para la degustación del vino de Zimbabue, cortesía de nuestro conferenciante invitado. A las 14:00 seguirá un almuerzo, donde podrán degustar un plato de fideuá. Y, a continuación, realizaremos una visita guiada al centro de la ciudad de Málaga, que se encuentra a diez kilómetros del campus universitario. Gracias a todos por vuestra atención.

Propuesta de equivalencias al inglés:

— about 300 miles: cerca de 483 kilómetros
— Bantu group: grupos o pueblos bantúes
— Bulawayo: Bulawayo
— Central Africa: África central
— Chewa and Chibarwe languages: lenguas cheua y chibarue
— click sounds: clics o chasquidos consonánticos palatales
— Kalanga: (lengua) kalanga
— Ndebele: (lengua) ndeble
— Shona or ChiShona: (lengua) shona o chishona
— Southeast Africa: África suroriental, el sudeste de África
— Southern Africa: África meridional, el sur de África
— Tonga: (lengua) tonga
— Venda: (lengua) venda
— Zulu language: (lengua) zulú

Image 3. *Best time to visit Zimbabwe*

BEST TIME TO VISIT ZIMBABWE

Oradora en español: Lorena Arce Romeral, España.
Orador en inglés: Johannes Siziwa, Zimbabue.

Discurso disponible aquí:

Buenos días y bienvenidos a esta II Feria Internacional del Turismo que se desarrollará desde hoy hasta el próximo jueves en el Palacio de Ferias y Congresos de Torremolinos. Durante estos días, más de cincuenta ponentes se encargarán de presentarnos los atractivos turísticos de todo el mundo. Es para mí un gran placer comenzar esta jornada inaugural presentando al Sr. Mabel Ncube, representante de la Embajada de Zimbabue para la promoción del turismo de su país en España. Muchas gracias por estar hoy con nosotros. Estamos muy felices de contar por primera vez en esta feria con la participación de su país, cuyo stand encontrarán dentro del espacio de más de 100 m² dedicado a los países africanos. Sin más dilación, le cedo la palabra al Sr. Ncube.

Thank you very much for inviting me here today. It is my pleasure to see that you will all have the chance to meet the culture of my country as one of the participating exhibitors of this year.

In today's brief talk I will try to answer a question that many travellers ask when they are planning a trip to my country: "When is the best time to go to Zimbabwe?".

It is totally normal to feel unsure of the best time to visit, as it depends on many factors, such as why you're travelling and the area you want to visit. In fact, 'best time to go' varies from person to person, so I will go month by month and will try to explain what you can expect from the weather during each of them.

Firstly, December, January, February and March are the wettest months of the year in Zimbabwe. Weather is becoming more and more unpredictable, but normally the further north you are, the earlier the rains start and the later they finish. Keep in mind too that you can expect rain in any area of the country, but it is especially rainier in the higher eastern areas.

Later, by April and May, most of the rain is gone and I would say this is one of the finest periods to visit Zimbabwe. Why? Well, days are warm, with evenings cooling down, especially in more <u>southerly and higher locations</u>. Also, the flowering trees are abundant, with colors that are almost florescent, so I'm pretty sure you'll love the landscape during these months.

I do not think I have mentioned that before but remember that the seasons in the <u>Northern Hemisphere</u> are the opposite of those in the <u>Southern Hemisphere</u>. That means that if you come to Zimbabwe in June, July or August, be sure to pack some winter clothes, as they are the coldest months of the year. It is not so cold though. The average temperatures range from 19 °C to about 25 °C in the daytime.

In September and especially in October, the temperatures rise once again. If you want to visit one of our <u>national parks</u>, it will be very hot and dry during these months. However, visitors are often rewarded by fantastic <u>sightings</u>, as Zimbabwe's amazing <u>wildlife</u> concentrates around the limited <u>water sources</u>. I assure you it's worth a visit.

Last but not least, November is unpredictable. It can be warm and dry, but it can also start raining. So I'd say it's a very interesting month if you're planning a trip, as on successive days you can see both weather patterns. You just need to be lucky!

Whatever the season you visit Zimbabwe, I'm sure you won't <u>be let down</u> by its extraordinary landscapes, quiet national parks and diverse wildlife.

Thank you very much for your attention. <u>I remain at your complete disposal for any questions or doubts you may have after this talk</u>. Also, I will be very pleased to welcome all guests at any time today. You can find me at stand number 3.

Muchas gracias por su interesante ponencia, Sr. Ncube, y qué ganas de poder viajar a su país tan pronto como podamos. Sentimos que justo haya visitado la Costa del Sol en plena ola de calor y con nuestro temido viento de terral. La buena noticia es que, durante toda la semana, nuestros participantes podrán disfrutar de precios y ofertas especiales en los chiringuitos y heladerías de toda la zona, ¿qué mejor para tomarse algo refrescante? En el estand de la entrada pueden recoger el folleto y el mapa con los establecimientos participantes. Además, nuestro personal estará encantado de ayudarles y de ofrecerles todo tipo de recomendaciones para que disfruten al máximo de estos días. Muchas gracias por su atención y nos vemos esta tarde en el taller de cocina latinoamericana.

Propuesta de equivalencias al inglés:

— I remain at your complete disposal for any questions or doubts you may have after this talk: quedo a su disposición para resolver cualquier posible pregunta o duda que puedan tener tras esta charla

— national parks: parques nacionales

— Northern Hemisphere: hemisferio norte

— sightings: vistas

— southerly and higher locations: zonas más altas y más cercanas al sur

— Southern Hemisphere: hemisferio sur
— to be let down: quedar decepcionado
— water sources: fuentes de agua
— wildlife: fauna

Image 4. *Great Zimbabwe*

Conferencia 4

GREAT ZIMBABWE

Oradora en español: Lorena Arce Romeral, España.

Orador en inglés: Johannes Siziwa, Zimbabue.

Discurso disponible aquí:

Bienvenidos a la última conferencia virtual de este mes de junio. Como saben, el objetivo de esta serie de conferencias está siendo presentaros algunos de los lugares declarados Patrimonio de la Humanidad por la UNESCO en todo el mundo. Hoy concluimos con el Dr. Bongani Chibanda, catedrático en Historia del Arte por la Universidad del Gran Zimbabue, quien nos presentará el lugar que da nombre a su universidad: el monumento nacional del Gran Zimbabue. Antes de cederle la palabra a nuestro ponente invitado, les recuerdo que durante la charla de hoy tienen disponible el servicio de interpretación remota (inglés-español), gracias a la colaboración de nuestros alumnos del Máster en Interpretación de Conferencias. Para ello, solo tienen que hacer clic en el botón «Interpretación» que aparece en la parte inferior de su monitor. Ahora sí, tiene la palabra el Dr. Chibanda.

Thank you very much for having me here today. It is my pleasure to introduce you to the origin of my country (Zimbabwe) and its history. In particular, I'll try to answer five questions about Great Zimbabwe:

— what is it?

— where is it?

— who built it?

— why was it built?

— how important is Great Zimbabwe today?

So, our first point is what Great Zimbabwe is. Great Zimbabwe is one of the most well know places and touristic attractions of Zimbabwe. Nowadays, it is the site of the second largest <u>settlement ruins</u> on the African continent, aside from the monumental architecture of ancient Egypt. Originally, it was a medieval stone city. In total, the city was spread across nearly 3 square miles and at its highest point, its population exceeded 18,000 inhabitants.

Now that you know what Great Zimbabwe is, let's move on to where these ruins are located. Well, the ruins that survive are close to the city of Masvingo, a four-hour drive from Zimbabwe's capital, Harare.

But who built this ancient city? The history of this city is still quite controversial. It was not until the early 20th century and after extensive excavation at the site, that a British archaeologist concluded that the ruins of Great Zimbabwe were medieval and that the city was built by indigenous African people, and not by ancient Greeks nor any myth, as it was thought during the European colonization of Africa. In fact, its name comes from the word madzimbabwe, which in the local Shona language means "big stone houses". The Shona were and are still the largest ethnic group in Zimbabwe.

Now, let's move on to the fourth point of today's presentation: why was this city built? We can now say that Great Zimbabwe was a hub of enormous wealth, prestige and power at its time. It was a trading empire of three very valued materials in particular: gold, ivory and copper.

In fact, the city not only is thought to have been the capital of the Kingdom of Zimbabwe but it also served as a palace for the royal family. Specifically, the archaeological site of Great Zimbabwe consists of three sections:

1. the Hill Complex, where the king lived;
2. the Great Enclosure, where only members of the royal family were allowed to live;
3. the Valley Complex, where the rest of the citizens lived.

Last but not least, let's see how important Great Zimbabwe is today. During the 60s and 70s, Great Zimbabwe became a symbol for the African Nationalist movement, but it is still a source of Zimbabwean national pride and cultural value. In fact, when the country became independent on 18th April 1980, it was named after this great site.

Furthermore, the archaeological site has been legally protected since 1893; it was declared a UNESCO World Heritage Site in 1986; and it is the second main tourist attraction, only after Victoria Falls.

It is open throughout the year and has easy access on good roads, so if you ever visit Zimbabwe, you should definitely include this archaeological site on your bucket list. At the moment, the entrance fee is $15 for those visitors who do not live in Zimbabwe. If you want to get more information, you can reach the National Museum and Monuments of Zimbabwe via the following e-mail address: natmus@nmmz.co.zw.

Thank you all for taking the time to listening to me today.

Muchas gracias, Dr. Chibanda, por su fascinante intervención. Antes de dar por concluida esta sesión, déjeme agradecerles, a usted y a la Facultad de Estudios del Patrimonio de su universidad, el precioso detalle que ha tenido con nuestro departamento, ya que nos ha hecho llegar un estupendo libro de recetas tradicionales de Zimbabue. Así pues, hemos pensado que antes de que finalice el curso escolar, podríamos organizar un taller virtual de cocina malagueña, en el que mostraremos a los estudiantes y al personal de su universidad cómo cocinar un simple pero delicioso menú típicamente malagueño, compuesto por ajoblanco, gazpachuelo y pestiños, con el que esperamos poder acercarles a nuestra provincia hasta que podamos encontrarnos por fin en persona.

Propuesta de equivalencias al inglés:

— $15: 15 dólares americanos. El dólar zimbabuense dejó de circular en abril de 2009, debido a su enorme pérdida de valor. El Banco Nacional de Zimbabue decidió entonces permitir la circulación de monedas extranjeras. El euro, la libra, los dólares australianos y estadounidenses o el rand sudafricano son algunas de las monedas que se encuentran en uso en la actualidad.

— 3 square miles: 3 millas cuadradas (equivalente a unos 7 km^2)

— African Nationalist movement: Movimiento Nacionalista Africano

— archaeological site of Great Zimbabwe: complejo arqueológico de Gran Zimbabue

— at its highest point: en su punto más alto

— copper: cobre

— hub: eje central

— indigenous African people: población indígena africana

— ivory: marfil

— Kingdom of Zimbabwe: reino de Zimbabue

— Masvingo: Masvingo

— medieval stone city: ciudad medieval

— National Museum and Monuments of Zimbabwe: Monumentos y Museos nacionales de Zimbabue (organización gubernamental)

— settlement ruins: ruinas de asentamientos

— Shona language: lengua shona

— the Great Enclosure: la Gran cerca

— the Hill Complex: el Conjunto de la colina

— the Valley Complex: el Conjunto del valle

— to include on your bucket list: incluir en la lista de cosas imprescindibles

— trading empire: imperio mercantil

— UNESCO World Heritage Site: Patrimonio Mundial de la UNESCO

— Victoria Falls: cataratas Victoria

Image 5. *Victoria Falls*

Conferencia 5

VICTORIA FALLS

Oradora en español: Lorena Arce Romeral, España.
Orador en inglés: Johannes Siziwa, Zimbabue.

Discurso disponible aquí:

Buenas tardes a todos. Les damos la más calurosa bienvenida a estas Vigesimosegundas Jornadas Turísticas organizadas por la UNESCO en Madrid y centradas en el continente africano. El conferenciante que nos hablará esta mañana es el Dr. Paulos Kadungure. El Dr. Kadungure lleva diez años trabajando en Sudáfrica, pero sigue muy vinculado a su país de origen, Zimbabue, adonde viaja con frecuencia. Hoy nos presentará uno de sus lugares favoritos: las cataratas Victoria. Dr. Kadungure, muchas gracias por estar hoy con nosotros compartiendo su saber y experiencia. Muchas gracias también por el detalle que ha tenido con la organización de las Jornadas y los cincuenta metros de preciosas telas con motivos africanos que nos ha traído como recuerdo. Tiene usted la palabra.

Good day, everybody. I thank you for the invitation and for the nice words. I am here today, as mentioned, to talk to you about one of my favourite places on Earth and one of the greatest attractions in <u>Sub-Saharan Africa: Victoria Falls</u>.

Today, I'd like to give you five reasons to visit this place between Zimbabwe and Zambia.

Firstly, Victoria Falls as well as the <u>rainforest</u> that surrounds it were proclaimed a <u>UNESCO World Heritage Site</u> in 1989, as one of the <u>Seven Wonders of the Natural World</u>. Not only is one of the world's greatest natural wonders, but Victoria Falls is considered to be one of the largest waterfalls in the world. In particular, it is more than <u>5,000 ft</u>. wide. That is more than <u>1,500 ft</u>. wider than Niagara Falls, which is on the border between Ontario (Canada) and the state of New York.

The second reason why you should visit Victoria Falls is the <u>Zambebi river</u>. Not only is it the fourth largest river in Africa, but it also defines the border between Zambia and Zimbabwe. Do you want to enjoy a very special afternoon? If you ever visit the area, you cannot miss the chance to take a <u>sunset boat cruise</u>. As the sun begins to set on the horizon, the sky becomes blood red and you will also be able to see hippos, elephants, crocodiles and different birds from the boat. A must-do experience when in Zimbabwe!

The third reason to visit Victoria Falls is the array of adventurous activities offered there. For example, you can do <u>white-water rafting</u> or cross an old iron bridge to the Zambian side of the Victoria Falls and then have a swim in the so-called <u>Devil's Pool</u>. If you are still up for some adrenaline, how about <u>bungee jumping</u> from the bridge above the falls into the <u>gorge</u>? The possibilities for adventure are endless!

The fourth reason to add Victoria Falls to your bucket list is its <u>wildlife</u>. Both, <u>Victoria Falls National Park</u> and <u>Zambezi River National Park</u> provide abundant <u>wildlife-watching opportunities</u>, including populations of elephant, buffalo, giraffe, zebra, antelope, monkeys, hippopotamus and crocodile. Also, the river is home to more than 30 species of fish below the falls and more than 80 above it. As you can see, the falls act as a dividing barrier between the upper and lower parts of the Zambebi river and even fish species are different in each of them.

Last but not least, you should visit Victoria Falls because of the <u>amenities</u> of the area. Of course, the main attractions are the falls, but they are also surrounded by excellent <u>safari lodges</u> where you can stay and eat like a local. In many of them, not only can you have traditional Zimbabwean dishes, but you can also learn how to play the drums or see some dance performances.

To sum up, when heading on an African adventure, you may think of an endless list of places you would like to visit, but Victoria Falls is definitely one you will never regret having crossed off your list.

Thank you very much for your attention.

Muchísimas gracias, Dr. Kadungure, por esta interesantísima charla, de la que tanto hemos aprendido todos. Creo que ahora solo tenemos antojo de conocer esa maravilla de la naturaleza. Sin más dilación, daré paso a una ronda de preguntas antes de proceder al descanso para la comida. Les recuerdo que el almuerzo se servirá a las 12:30. Este consistirá en una degustación de tapas que representan platos típicos de nuestra región, como es el cocido madrileño o los bocadillos de calamares. Por la tarde, como ya saben, visitaremos el museo folclórico, situado a 500 metros del edificio en el que nos encontramos. Ahora sí, pueden proceder a consultar sus dudas al ponente. Levanten, por favor, la mano si quieren participar.

Propuesta de equivalencias al inglés:

— 1,500 ft: 1 500 pies (equivalentes a 457,2 km)

— 5,000 ft: 5 000 pies (equivalentes a 1524 km)

— amenities: servicios

— array: serie, colección

— bungee jumping: puenting o salto al vacío con cuerda

— Devil's Pool: la Piscina del diablo
— drums: tambores
— gorge: garganta
— Niagara Falls: las cataratas del Niagara
— rainforest: selva
— safari lodges: hoteles en la naturaleza
— Seven Wonders of the Natural World: siete maravillas naturales del mundo
— Sub-Saharan Africa: África subsahariana
— sunset boat cruise: cruceros al atardecer
— UNESCO World Heritage Site: Patrimonio de la Humanidad de la UNESCO
— Victoria Falls National Park: parque nacional de las cataratas Victoria
— Victoria Falls: cataratas Victoria
— white-water rafting: rafting o descenso de aguas bravas de un río
— wildlife: fauna
— wildlife-watching opportunities: oportunidades para observar la fauna
— Zambezi River National Park: parque nacional del río Zambeze
— Zambezi river: el río Zambeze

Image 6. *Zimbabwean food and Mopane worm*

ZIMBABWEAN FOOD AND MOPANE WORM

Oradora en español: María Recuenco Peñalver, España.
Orador en inglés: Johannes Siziwa, Zimbabue.

Discurso disponible aquí:

Buenos días a todos los aquí reunidos y muchas gracias por asistir a esta X Jornada Gastronómica en la que nos vamos a centrar en la comida, nada más y nada menos, que de un país del interior del sur de África: Zimbabue.

Antes de dar la bienvenida a nuestro orador de hoy, quiero primero agradecer toda la ayuda ofrecida por el Hotel Santa Catalina, en el que nos encontramos y, sobre todo, a su personal de cocina, que son los responsables de todas estas delicias con las que acaban de darnos la bienvenida en el desayuno.

Dicho esto, y aun corriendo el riesgo de que nos vuelta a entrar hambre, doy la bienvenida al Sr. Rufare Mutsipa, que es uno de los cocineros de mayor renombre del país que nos ocupa esta mañana. El señor Mutsipa ha trabajado durante prácticamente toda su vida como jefe de cocina del primer ministro de Zimbabue y ha venido a compartir con nosotros solo un poco de todo lo que sabe y de todo a lo que sabe la cocina zimbabuense. Señor Mutsipa, muchas gracias por estar aquí.

Good morning, ladies and gentlemen.

I am very glad to be here today with you and be able to share some of the secrets of Zimbabwean cuisine, rich in fresh ingredients, with flavours that are always maximised to the fullest.

I will start speaking about some of the most popular dishes in my country.

First, I will be introducing you to some meat and fish dishes.

I will then speak about cereals.

I will finish by talking about what is, not only my favourite, but also, one of the most representative and, from a European perspective, surprising Zimbabwean ingredient and dish, at the same time, which is the Mopane worm.

Let me start by saying that Zimbabweans love meat, especially game meat. This includes some rare animals like warthog or ostrich. We also like crocodile tail, which its flavour and texture is quite similar to that of chicken, the most popular, loved and consumed meat of all.

Two very popular dishes are Matumbu and Mazondo. Vegans and vegetarians should refrain from them. Matumbu is basically beef tripes, intestines, livers, kidneys and testes boiled for several hours and then eaten barbecued or with relish. As for Mazondo (or cow heels), it gets prepared the same way, then spiced and added to a rich stew.

Very popular is also the dish named Matemba or Kapenta, known in English as Taganyika sardines. This small very salty fish owes its flavour to the big amounts of salt used in its preparation and they are eaten as snacks or in stews.

In terms of cereals, maize is used under different forms. Sadza is the name we used for cornmeal or maizemeal eaten with meat and fish stews. It is said that Sadza is to Zimbabweans what rice is to the Chinese, or pasta to Italians.

We consume a lot of what we call Bota or Ilambazi, that is, a diluted form of maize or other cereals flours in the form of porridge, that gets flavoured with peanut butter, or jam, and is traditionally eaten as the first meal of the day to give you energy.

To end my talk, I will focus, as mentioned, on an insect, the mopane worm, exclusive to the Southern African countries. Presenting a wingspan of up to 13.5 cm, the adult mopane emperor moth is a splendid and conspicuously sizable moth that can cause bewilderment amongst the faint-hearted as it flutters around in a bat-like style. The name 'mopane' is related to the leaves of the mopane trees in which they live.

These black caterpillars are commonly known as 'amancimbi' in the Ndebele language or 'madora' in Shona and have been a respectable and reliable source of protein for generations across Southern Africa. The flesh of this small animal contains up to three times the amount of protein as the equivalent mass of beef, as well as considerable quantities of calcium, copper, iron, magnesium, manganese, sodium, phosphorous, potassium, and zinc.

The best caterpillars are hand-picked harvested during the rainy season by mostly women and children straight from the trees in the Mopane woodlands. Following that, the worm is pressed open at one end and squeezed to eject a vivid green mass of half-digested leaves and intestines. If there are any remnants of leaves left in the worm's guts, they reveal a slightly tea-like taste to this delicacy. Other than that, the empty body of the worm is then pickled, dried, fried, and/or smoked to each individual's specific tastes, and made available for consumption during the course of the year. The usual method of preserving Mopane worms is by exposing them to the sun or smoke them, thanks to what they gain a special extra flavour. Before the caterpillars are sun-dried, they traditionally get boiled in salted water. The dry version of mopane worms can last for a number of months without refrigeration. The industrial method to conserve mopane worms is to can the caterpillars, which tins can be found in supermarkets and markets all over Southern Africa.

Worm hand-picking has at present grown into a thriving business, which in many cases is the only source of income for several rural communities in Zimbabwe, Mozambique,

Malawi, South Africa, and Botswana. It has been estimated that <u>9.5 billion</u> <u>mopane larvae</u> are annually harvested in Southern Africa's 20,000 km^2 of mopane forest and that its worth around <u>US$85 million</u>, of which nearly 40 per cent goes to producers, who are largely women from poorer, rural areas.

I thank you kindly for your attention.

Muchas gracias, señor Mutsipa. Le agradecemos enormemente esta interesante y deliciosa presentación que nos ha hecho sobre la comida tradicional de su país. Antes de iniciar el turno de preguntas, le pediré a las personas que ya tienen las manos levantadas, que sean un poco pacientes. Me gustaría recordarles que la comida de hoy será servida a las 2:30 en el restaurante del hotel, que se encuentra en la quinta planta, como ya saben. Asimismo, les diré que, gracias a la amabilidad del señor Mutsipa, durante dicha comida, tendrán ustedes la oportunidad de degustar la mayoría de los platos de los que nos ha hablado en su charla. Muchas gracias por haber venido desde Zimbabue con casi 50 kg de comida, de la que seguramente daremos buena cuenta a lo largo de los días de esta X Jornada gastronómica. Muchas gracias, señor Mutsipa. Y ahora ya sí, demos paso a la ronda de preguntas.

Propuesta de equivalencias al inglés:

— 9.5 billion: 9 500 millones
— across Southern Africa: a través del sur de África
— adult mopane emperor moth: polilla adulta emperador del mopane
— amancimbi: *amancibi*
— available for consumption: listos para su consumo
— barbecued: hechos en el fuego, a la parrilla
— bat-like style: como un murciélago
— beef tripes: tripas de vacuno
— bewilderment: desconcierto
— Bota or Ilambazi: *bota o ilambazi*
— caterpillars: orugas
— cereals flours: harinas de cereales
— conspicuously sizable: llamativamente grande
— copper: cobre
— cornmeal or maizemeal: harina de maíz
— cow heels: pezuñas de vaca
— delicacy: manjar
— faint-hearted: persona fácilmente impresionable

— flesh: carne
— fresh ingredients: ingredientes frescos
— game meat: carne de caza
— guts: tripas, entrañas
— hand-picked harvested: recolectadas a mano
— intestines: intestinos
— iron: hierro
— jam: mermelada
— Kapenta: *kapenta*
— kidneys: riñones
— livers: hígados
— madora: *madora*
— maize: maíz
— manganese: manganeso
— matemba: *matemba*
— matumbu: *matumbu*
— maximised to the fullest: potenciados al máximo
— mazondo: *mazondo*
— mopane larvae: larvas de mopane
— mopane trees: árboles de mopane
— mopane woodlands: bosques de mopane
— mopane worm: oruga del mopane
— Ndebele language: lengua ndebele
— ostrich: avestruz
— peanut butter: mantequilla de cacahuete
— pickled: adobado
— porridge: gachas
— rainy season: temporada de lluvias
— relish: salsa
— remnants: restos
— rich stew: estofado o guiso sustancioso
— sadza: *sadza* o harina de maíz que se come como acompañante de guisos de carne o pescado
— Shona: lengua sona

— slightly tea-like taste: con ligero sabor a té
— smoked: ahumado
— sodium: sodio
— source of income: fuente de ingresos
— Southern African countries: países del sur de África
— squeezed: apretados
— Taganyika sardines: sardinas del lago Taganyika
— testes: testículos
— thriving business: negocio próspero
— to eject: para expulsar
— to flutter: revolotear
— US$85 million: 85 millones de dólares americanos
— warthog: jabalí verrugoso
— wingspan: envergadura
— worm hand-picking: recolección manual de orugas
— Zimbabwean cuisine: cocina zimbabuense

Image 7. *Sports*

Conferencia 7

SPORTS

Oradora en español: María Recuenco Peñalver, España.
Orador en inglés: Johannes Siziwa, Zimbabue.

Discurso disponible aquí:

Buenos días y bienvenidos a la inauguración oficial del nuevo complejo deportivo de nuestra universidad. Como saben, para celebrar esta apertura, hemos organizado un torneo multidisciplinar con deportistas provenientes de universidades de todo el mundo. Hoy tenemos la suerte de contar con Kudzai Manyeruke, estudiante y miembro de la delegación de la Universidad de Zimbabue. Para dar comienzo a la agenda de actividades previstas para esta semana, él nos presentará a algunos de los deportistas más reconocidos de su país natal, Zimbabue. Tras ello, se celebrará la primera prueba de natación en nuestra flamante piscina de 50 m de largo y 25 m de ancho, es decir, las medidas de una piscina olímpica. Sin más, le cedo la palabra a nuestro ponente.

When we think of Zimbabwe, our minds might not necessarily go straight to sports. However, not only are Zimbabwean people <u>very keen sports fans</u>, but my country has gifted the international area with a few renowned worldwide sportspersons, too.

Today, I will introduce you to three sports in particular. Firstly, I will speak about tennis and the Black family. Secondly, we'll go to swimming and Kirsty Conventry. And last but not least, I'll introduce you to Zimbabwean soccer, by far the most popular sport in the country. The player I will get you to know more about is Peter Ndlovu.

To start with, we have to speak about tennis, in particular about the family Black.

Everything started with their father, Donald Black, better known as Don Black, who played in the 50s. Specifically, he participated in two Grand Slams: Wimbledon (on six occasions) and the French Championships (where he played twice). In fact, he was the very first player from Zimbabwe to play at Wimbledon.

Later, when Don Black <u>quit</u> tennis, he worked as a high school teacher, but he was still in touch with this sport, as he trained his daughter and two sons (Cara, Byron and Wayne Black) on the <u>courts</u> that he had built in the <u>backyard</u> of his <u>22-acre avocado farm</u>. In response, the three of them developed a special interest in the sport, and they are now considered legends in the Zimbabwean sport history. In fact, the three siblings have won a total of 13 Grand Slam doubles titles playing together. Furthermore, Byron and Wayne Black have played together as part of the Zimbabwe Davis Cup team.

Another Zimbabwean exceptional sportsperson is swimmer Kirsty Conventry, the most decorated Olympian from Africa. Specifically, she has won three Olympic medals at the 2004 Olympics in Athens: a gold, a silver and a bronze; later, at the 2008 Olympics in Beijing she won another four medals: this time a gold and three silver. She is, without any doubt, Africa's most condecorated Olympic athlete for all sports.

Coventry retired from swimming in 2016, but there's no doubt that her incredible journey has inspired –and continues to do so– young athletes, particularly in Zimbabwe, but also across the world. In fact, Kirsty Conventry is a current member of the International Olympic Committee (IOC). Apart from that, since September 2018, she is also the current Minister of Youth, Sport, Arts and Recreation in Zimbabwe, a task to which she is fully devoted.

Lastly, there is no ways one could speak about sports in Zimbabwe and not to mention soccer, extremely popular in our country. If we put together Zimbabwe and soccer, the player of reference is Peter Ndlovu.

Ndlovu played professionally as a striker from 1988 until 2011, and went down in history on the 19th August 1992, after becoming the first African footballer to compete in the new English Premier League, where he played for Coventry City. During his career, he also played for other British teams, such as Birmingham City, Huddersfield Town and Sheffield United. Apart from that, Peter Ndlovu was capped 81 times for the national team of Zimbabwe, with which he scored a total of 37 goals.

At the moment, he is the Team Manager at Mamelodi Sundowns F.C., a South African club.

With Peter Ndlovu we have got to the end of our presentation. I hope you have learnt more about sport in Zimbabwe, its long tradition, and the many recognized sports personalities that my country has produced.

Muchas gracias por tan interesante intervención, Kudzai. La verdad es que no conocía a ninguno de estos deportistas, pero sin duda tienen un palmarés digno de ser reconocido en todas partes. Espero que la delegación de Zimbabue tenga el mismo éxito en las pruebas en las que participarán a partir de mañana. Hoy les toca descansar después de las más de 20 h de viaje que han tenido que soportar para completar los más de 10 000 km que separan a España de este país del sur de África. Al resto de participantes los emplazo en media hora para la primera prueba de 200 m mariposa en la piscina olímpica, a la que hemos bautizado con el nombre de Mireia Belmonte, nuestra nadadora más laureada.

Propuesta de equivalencias al inglés:

— 22-acre: 22 acres (equivalente a unos 89 000 m^2)

— avocado farm: campos, plantaciones de aguacates

— backyard: patio

— courts: pistas (de tenis)

— current Minister of Youth, Sport, Arts and Recreation: actual ministra de Juventud, Deporte y Recreo

— International Olympic Committee (IOC): Comité Olímpico Internacional (COI)

— striker: delantero

— team Manager: manager

— the most decorated Olympian from Africa: la atleta africana olímpica más condecorada

— the new English Premier League: la nueva Premier League inglesa

— to quit: dejar, retirarse

— very keen sports fans: grandes aficionados al deporte

— was capped: fue internacional

— went down in history: pasó a la historia

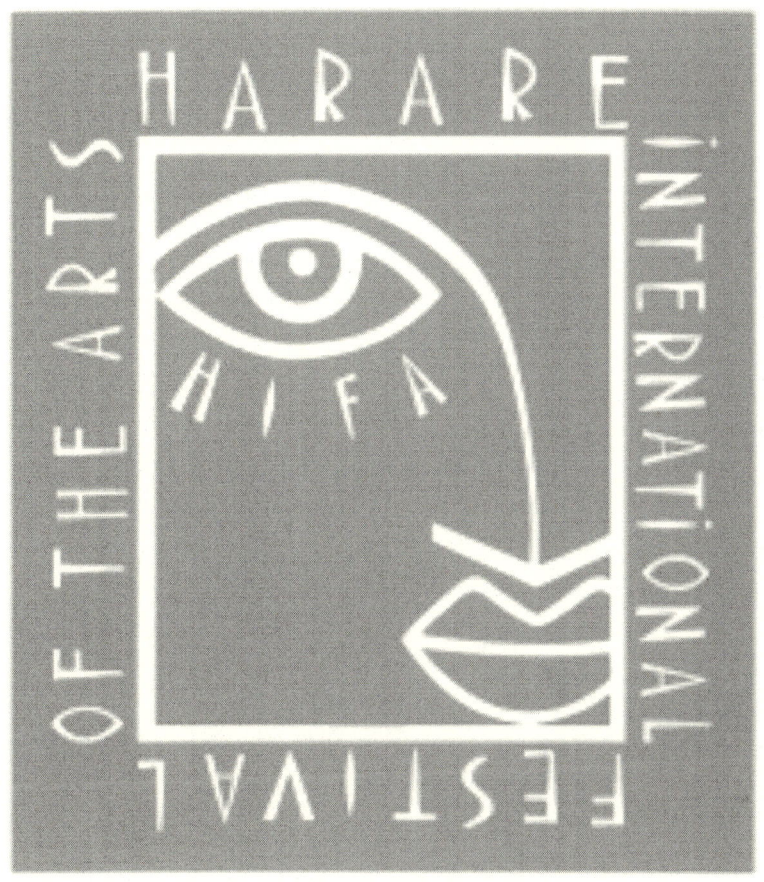

Image 8. *HIFA*

Conferencia 8

HIFA

Oradora en español: María Recuenco Peñalver, España.
Orador en inglés: Johannes Siziwa, Zimbabue.

Discurso disponible aquí:

Buenos días y bienvenidos un día más a esta semana de bienvenida para los estudiantes de nuevo ingreso. El día de hoy estará dedicado a la música y al arte, y es que, gracias a nuestros estudiantes de movilidad, podemos aprender sobre sus países sin movernos de nuestra ciudad. En concreto, empezaremos esta jornada con Rumbi y Wadzi, que vienen desde Zimbabue y estudiarán durante todo el curso en la Facultad de Filosofía y Letras. Hoy nos presentarán el Festival HIFA y nos darán motivos para querer asistir tan pronto como podamos. Antes de comenzar, os recuerdo que, esta tarde, nuestros alumnos de movilidad podrán disfrutar de un taller de sevillanas. Este tendrá lugar a las 16:15 en el salón de actos. Sin más, os dejo con la presentación que han preparado Rumbi y Wadzi.

Hello and thank you very much for inviting us to give this presentation. We apologize for not being able to deliver a whole presentation in Spanish yet, but we promise that we will work very hard during this year to improve our linguistic skills.

Today, we will talk about <u>HIFA, Harare International Festival of the Arts</u>. In particular, during our presentation, we will focus on the following issues:

First, we will give a brief introduction about HIFA.

Secondly, we will present what you can do at HIFA.

Thirdly, we will talk about the positive social impact of HIFA.

And finally, we will give you some tips to make the most of your experience at this festival.

So, what is HIFA? It is an <u>international music and arts festival</u> that takes place each year in Harare, which is the capital of our country, Zimbabwe. It is a week-long festival that is celebrated each year around late April or early May.

As to what to do when you are attending HIFA, you must know that it offers <u>all kind of performances</u>: from music and dance, to theatre, <u>stand-up comedy</u>, fine art, fashion or poetry. Last year, HIFA welcomed over 1,000 Zimbabwean, African and international artists.

As you can imagine, the celebration of this festival has a <u>great social impact</u> in our country, and in the city of Harare in particular. It is the <u>largest cultural and artistic initiative</u> in Zimbabwe and it has helped enormously to the development of arts and culture in the country as well as to spread Zimbabwe's cultural diversity in the world. Also, the celebration of this festival creates many job opportunities in Harare, especially for <u>stage crew</u>, taxi drivers, <u>stallholders</u> and people who work in the hospitality industry.

Eventually, HIFA has expanded and now offers a range of activities throughout the year. In particular, the organisers are trying to use arts and culture in order to help with social issues. For example, each year, a mural is painted in <u>marginalised areas</u> of Harare. Not only does it beautify the city, but art spaces can also stimulate these communities and improve their quality of life.

We personally are huge fans of music, so we love the festival and would recommend you giving it a go if you are in Harare. <u>Hands down</u>, it would be one of the best activities of your trip! Now, we will give you some tips to make the most of it.

Firstly, you should know that some performances, especially those on the <u>main stage</u>, can cost up to <u>$20</u>, but many events are <u>free of charge</u>. Also, it is impossible to attend every single show of the festival, as there are many <u>parallel sessions</u> (i. e. different performances that happen at the same time on different stages), so print out the programme or download the festival app on your phone, so you can choose the activities that you don't want to miss. Also, try and book your accommodation <u>ahead of time</u>, as hotels and especially cheaper lodgings tend to fill up fast. Another option is bring a tent or hire.

We hope you have enjoyed our presentation. We are looking forward to welcoming you at the biggest cultural event in our country and definitely one of the top 10 festivals on our continent, too.

Muchas gracias, chicos, por vuestra interesante presentación y por ajustaros tan bien al tiempo. Esto nos permitirá abrir una ronda de preguntas con nuestros asistentes, que seguro que tienen comentarios o dudas. Antes de eso, os recuerdo que a continuación podremos disfrutar de un descanso de treinta minutos para tomarnos un café y estirar las piernas. Además, tenéis una sorpresa, y es que uno de nuestros patrocinadores, en concreto un obrador de pastelería local, ha preparado una mesa muy especial. Así que podréis probar algunas de sus especialidades, como las locas malagueñas o sus famosas palmeras rellenas. ¡Esperamos que os gusten tanto como a nosotros!

Propuesta de equivalencias al inglés:

— $20: 20 dólares (americanos)

— ahead of time: con antelación

— all kind of performances: todo tipo de actuaciones

— cheaper lodgings: alojamientos más baratos
— free of charge: gratis
— great social impact: gran impacto social
— hands down: sin duda alguna
— Harare: Harare
— HIFA, Harare International Festival of the Arts: HIFA, el Festival Internacional de las Artes de Harare
— international music and arts festival: festival internacional de arte y música
— largest cultural and artistic initiative: la mayor iniciativa cultural y artística
— main stage: escenario principal
— marginalised areas: zonas marginales
— parallel sessions: sesiones paralelas
— stage crew: técnicos escénicos
— stallholders: vendedores de puestos
— stand-up comedy: comedia
— tent: tienda de campaña

Image 9. *Zimbabwean music: the mbira*

Conferencia 9

ZIMBABWEAN MUSIC: THE MBIRA

Oradora en español: María Recuenco Peñalver, España.
Orador en inglés: Johannes Siziwa, Zimbabue.

Discurso disponible aquí:

Muy buenas tardes a todos los presentes. Es un grandísimo placer darles un día más la bienvenida a todos ustedes a este V Festival de las Músicas Africanas organizado en la bonita ciudad de las Palmas de Gran Canaria, que nos ha sorprendido hoy con unas temperaturas muy refrescantes. La sesión de esta tarde estará dedicada a la música de Zimbabue y estoy segura de que va a ser muy interesante para todos. Con nosotros está el Dr. Simbarashe Dube, musicólogo y profesor de la Universidad de Zimbabue, en Harare, en la que lleva trabajando prácticamente toda su vida. El Dr. Dube es autor de varios estudios científicos dedicados a la música zimbabuense y es un gran conocedor y amante de un instrumento musical muy poco conocido en España, pero muy típico de su país y del que nos hablará en unos momentos: la mbira. El Dr. Dube, además, es todo un caballero y ha tenido la gran amabilidad y consideración de atender a mis ruegos. Como pueden ver, ha venido acompañado de su propia mbira y confío en que nos deleitará en algún momento con algo de su música para que podamos ver cómo suena. Dr. Dube, muchas gracias por estar hoy aquí con nosotros. Somos todo oídos.

Good afternoon, ladies and gentlemen. I am very happy to be in the Canary Islands, a place that is very close to my heart, since I spent some time here when I was young. I am honoured to have been invited to this Festival and to be able to share one of my biggest passions with all of you.

I will be talking to you about this little instrument that you can see on the table. First, I will talk about its form and how it is played.

Then, I will speak a bit about its history.

Last, I will also speak about the difference between a <u>mbira</u> and a <u>kalimba</u>, since there is quite a big confusion between the two instruments.

The mbira is a musical instrument that is<u> native to Africa</u> and broadly distributed all over the continent. It is also known by different names. Among them, my favourite is thumb piano. A mbira consists of 22 to 28 tuned tongues. The tongues are metal or bamboo and are attached at one end to a hardwood soundboard. This soundboard frequently has a calabash or box resonator and is usually placed inside a big gourd, which amplifies the sound.

The way to produce music is by plucking the metal keys with both thumbs and the forefinger of the right hand. The thumbs depress downward on the keys, while the right forefinger does the same movement upward from below the keys. By tradition, the keys were made from iron. Today keys are normally made of recycled materials, such as springs, car spokes, or tins. Other recycled items, like bottle caps, shells, or beads, are attached to the soundboard to create a vibrant sound.

The story goes that the first mbira appeared on the West African coast and it was made of wood or bamboo. As a nomadic instrument, the mbira followed the slavery routes to Latin America and Jamaica, where it was reborn as a rhumba box. In the American continent it developed into different forms, many of them known by some variant of the term marimba.

The mbira was the instrument of the oral traditions, and it has conventionally been used in rites and ceremonies. Despite the fact that it has not been consistently associated with spiritual rituals, it has always been a channel of communication with ancestors and spirits. Made popular in the 1950s through a Westernized version designed called kalimba by British ethnomusicologist Hugh Tracey, the mbira left its original native land and its pure musical customs to make its entrance in the current music scenario, where it has since thrived into several and surprizing forms.

Lastly, it is worth it to clarify the difference between the mbira and the kalimba, since quite often both instruments are confused. Both look pretty similar and are made of a wooden soundboard with metallic keys that players pluck and release with their fingers to create a serene, bell-like sound. Despite this, the kalimba and the mbira are not the same instrument.

The kalimba is a smaller, more modern version of the mbira. Also, the mbira has a double row of keys, while the kalimba has a single row of keys. The major difference nevertheless between the two instruments is found in their scales. The kalimba features the seven-note diatonic scale displayed by traditional Western musical instruments, while the non-western scale of the mbira performs the same notes but in a different order, and some notes may even be missing.

I thank you for your attention.

Muchas gracias, Dr. Dube. Seguro que no me equivoco al afirmar que ha sido un gran placer para todos nosotros escucharle y aprender tanto esta tarde. Es más que visible la gran pasión que siente por este tema y qué duda cabe de que nos ha hecho llegar una parte de ese gran amor que un instrumento tan pequeño puede llegar a despertar.

Iniciaremos a continuación, una ronda de preguntas entre los asistentes, tras la cual cerraremos la jornada de hoy, que ha sido larga e intensa.

Les recuerdo que la cena de esta noche será a las 20:30 en el restaurante de la segunda planta y que a las 22:00 habrá un pequeño concierto de música africana. El Dr. Dube ha accedido a deleitarnos con una pequeña demostración de su arte con la mbira. No se lo pierdan.

Muchas gracias de todo corazón, Dr. Dube.

Damos comienzo a la ronda de preguntas.

Propuesta de equivalencias al inglés:

— beads: cuentas

— bottle caps: tapones de botellas

— box resonator: caja de resonancia

— calabash: calabaza

— car spokes: radios de coches

— channel of communication: vía, canal de comunicación

— consists of: está formada por

— double row of keys: doble fila de teclas

— ethnomusicologist: etnomusicólogo

— features: presentar

— forefinger: dedo índice

— gourd: calabaza más grande

— hardwood soundboard: caja de resonancia de madera dura

— iron: hierro

— kalimba: kalimba

— mbira: mbira

— metal keys: teclas metálicas

— movement upward from below: movimiento de arriba a abajo

— native to Africa: originario de África

— nomadic instrument: instrumento nómada

— non-western scale: escala distinta a la occidental

— oral traditions: tradición oral

— performs: ejecutar

— plucking (to pluck): pulsar

— pure musical customs: costumbres musicales puras

— rites: ritos

— scales: escalas
— serene, bell-like sound: sonido sereno y campaniforme
— seven-note diatonic scale: escala diatónica de siete notas
— shells: conchas
— single row of keys: una sola fila de teclas
— slavery routes: rutas de esclavos
— springs: muelles
— thumb piano: piano de pulgar
— tins: latas
— to be reborn as a rhumba box: renacer como caja de rhumba o marímbula
— tuned tongues: lengüetas afinadas
— West African coast: costa occidental africana
— Westernized version: version occidentalizada

Image 10. *Zimbabwean literature: Tsitsi Dangarembga*

Conferencia 10

ZIMBABWEAN LITERATURE: TSITSI DANGAREMBGA

Oradora en español: María Recuenco Peñalver, España.
Orador en inglés: Johannes Siziwa, Zimbabue.

Discurso disponible aquí:

Buenos días a todos. Muchas gracias por participar en esta última sesión del XXV Festival Internacional del Libro celebrado en la Ciudad Condal. Después de estos dos días dedicados a las literaturas del sur de África, es el turno hoy de hablar de las letras en Zimbabue. Para ello, contamos con la presencia del profesor Peter Sibanda, natural de dicho país y profesor de literatura en la Universidad de Ciudad del Cabo, ciudad en la reside desde hace más de veinte años. El profesor Sibanda es coordinador de varios proyectos internacionales de investigación y ha escrito más de treinta artículos sobre literatura poscolonial africana. Su libro más reciente está dedicado a la autora zimbabuense Tsitsi Dangaremgba, de la que viene a hablarnos hoy. Una vez finalizada su charla, procederemos a iniciar una ronda de preguntas, a lo que seguirá la firma del libro del profesor Sibanda.

Profesor, muchas gracias por estar hoy con nosotros. Estamos deseando escuchar lo que ha venido a contarnos. La palabra es suya.

Thank you very much for the introduction and good day, everybody. It is my pleasure and honour to be in Barcelona today and being part of the XXV <u>International Book Festival</u>.

I am ecstatic to talk about the <u>literary scene</u> of my country, Zimbabwe, and especially to be able to talk to you about a very special author, Tsitsi Dangarembga.

Zimbabwean literature is rich, and it lacks, in my opinion, the recognition it really deserves, which it has probably been <u>outshone</u> by another art manifestation: Shona sculpture.

Other than that, Zimbabwean book industry has suffered a lot. <u>The inflation of tariffs on book imports</u> was at a time so high that buying books for most bookshops was simply <u>not affordable</u>. Not forgetting the big influence of social media taking over people's interests and lives.

Surprisingly yet, Zimbabwean letters are experimenting what we could call a sort of a renaissance. Works by Pettina Gappah, Bryony Rheam, NoViolet Bulawayo or Sue Nyathi (to name but a few) made their way to the public thanks to great publishers both regional and international in the last two decades.

But let us speak about the one that has unquestionably reached the highest recognitions. Tsitsi Dangarembga was born in 1959 in Southern Rhodesia (now Zimbabwe), but lived in England from ages two to six, while her parents finished their higher education. She returned to Rhodesia in 1965 and reacquired Shona, but kept on considering English her first language.

In 1977 she went on to the University of Cambridge to study medicine. She experienced isolation and homesickness, together with racism and alienation, and returned to her homeland in 1980, a few months before Zimbabwe became independent under black-majority rule.

Dangarembga worked briefly as a teacher, took up studies in psychology at the University of Harare and worked for two years as a copywriter. She then joined the University drama troupe and wrote and directed her first three plays: *Lost of the Soil* (1983), *She No Longer Weeps* (1987), and *The Third One*. She read works by African American female writers as well as contemporary African literature and discovered a very different world from the English classics she had read while growing up.

Her biggest success occurred at the age of twenty-five with her very first novel, *Nervous Conditions*, published in 1988. Written in 1985, it was rejected by four Zimbabwean publishers before London-based Women's Press published it in the United Kingdom, and in the United States the following year. *Nervous Conditions* is the very first novel written in English by a black Zimbabwean woman, and it is widely referred to as one of the best African novels ever written. It was awarded the African section of the Commonwealth Writers' Prize in 1989 and made it to the BBC's 2018 list of top 100 books that have shaped the world.

Nervous Conditions portrays a partially autobiographical story of Tambu, a young girl living in a poor Rhodesian farm during the late 1960s. After her brother's death she lives with her west-educated uncle Babamukuru, situation that brings for her the opportunity of a better schooling and the uprising in a western educated family. The main character has the greatest aspirations for herself despite many obstacles in terms of her race, class and sex. The book focuses on the many aspects of poverty and its effects on people creating different nervous conditions in each of them.

In 1989, Dangarembga went to Germany, where she studied film direction and produced a number of films. In 1992, she founded the production company Nyerai Films, based in Harare, and she wrote the story for the 1993 film *Neria*, whose soundtrack sung by Oliver Mtukudzi remains one of the most celebrated Zimbabwean songs of all times. In 2000, the writer moved back to her home country with her family. She won several African and international awards and she also founded different organisations, like the organization of Women Filmmakers of Zimbabwe, or the Institute of Creative Arts for Progress in Africa and her own publishing house.

Her second novel, *The Book of Not*, a sequel of *Nervous Conditions*, was published in 2006. She also then engaged with Zimbabwean politics, and in 2010 was appointed Education Secretary of the Zimbabwean Movement for Democratic Change political party.

In 2018, her third novel was published both in the US and in the UK. *This Mournable Body* is the third past of the sequel and was one of the six novels shortlisted for the 2020 Booker Prize. Right after that, the writer was accused of intending to incite public violence at an anti-corruption protest in Harare and was arrested on 31 July 2020. Dangarembga was carrying posters calling for reforms and for the release of renowned investigative journalist, Hopewell Chin'ono, arrested due to his public exposure of economic and political scandals in the country.

This is a sad and still ongoing matter, not completely rare in Zimbabwe. I invite all of you to keep an eye, not only on its developments, but in general on Dagarembga's career, for she is, as I hope you all had the occasion to appreciate, an extremely interesting author.

I thank you.

Muchas gracias, Profesor Sibanda, por esta interesante e informativa charla sobre la autora Tsitsi Dangarembga, en la que cada vez más personas están interesadas, por los motivos que nos ha expuesto y a juzgar por el número de ejemplares vendidos de su libro. Muchas gracias.

Como anunciamos al principio y como aparece en el programa del Festival, una vez finalizada la ronda de preguntas a la que daremos paso inmediatamente, el profesor ha accedido a firmar los libros de todos aquellos que así lo deseen.

Tras ello, aprovecho para recordarles también que en el pabellón número 4 sigue todavía disponible la exposición de libros de literatura africana y sus traducciones al castellano y al catalán hasta mañana por la mañana. No dejen de pasarse por allí, si todavía no lo han hecho.

Sin más, doy las gracias una vez más al profesor Sibanda e inicio a la ronda de preguntas.

Propuesta de equivalencias al inglés:

— 2020 Booker Prize: Premio Booker 2020

— alienation: alienación

— arrested: detenido

— awarded: galardonada

— BBC's 2018 list of top 100 books that have shaped the world: lista de 2018 de la BBC de los 100 libros con mayor influencia en el mundo

— better schooling: mejor educación

— black Zimbabwean woman: mujer negra zimbabuense

— calling for: exigir
— copywriter: redactora publicitaria
— Education Secretary: secretaria de Educación
— engaged with Zimbabwean politics: involucrada en la política zimbabuense
— English classics: clásicos literarios ingleses
— film direction: dirección cinematográfica
— (to have) the greatest aspirations: aspirar a lo más alto
— homesickness: añoranza por el país natal
— incite: incitar
— inflation of tariffs on book imports: inflación de los aranceles a la importación de libros
— Institute of Creative Arts for Progress in Africa: Instituto de Artes Creativas para el Progreso de África
— International Book Festival: Festival internacional del libro
— isolation: aislamiento
— it is widely referred as: es considerada
— keep an eye in: no perder de vista
— literary scene: panorama literario
— London-based Women's Press: londinense Women's Press
— nervous conditions: condiciones nerviosas
— not affordable: no ser asequible, estar fuera del alcance
— organization of Women Filmmakers of Zimbabwe: organización de mujeres cineastas de Zimbabue
— outshone by: eclipsado por
— poor Rhodesian farm: granja pobre de Rodesia
— portrays: retrata
— production company: productora
— publishers: editores
— publishing house: editorial
— reached the highest recognitions: alcanzar el mayor reconocimiento
— release: liberación
— renaissance: renacimiento
— renowned investigative journalist: conocido periodista de investigación
— sequel: saga

- Shona: lengua shona
- shortlisted: seleccionada
- soundtrack: banda sonora
- Southern Rhodesia: Rodesia del Sur
- the African section of the Commonwealth Writers' Prize: Premio de Escritores de la Commonwealth para la región de África
- under black-majority rule: bajo un gobierno de mayoría negra
- University drama troupe: grupo de teatro de la universidad
- University of Harare: Universidad de Harare
- uprising in a western educated family: crecer en el seno de una familia occidentalizada
- west-educated: educado en Occidente
- Zimbabwean Movement for Democratic Change political party: partido político zimbabuense Movimiento por el Cambio Democrático

Image 11. *Zimbabwean cinema:* Cook Off *(2017), Gurira and Mlambo*

ZIMBABWEAN CINEMA: *COOK OFF* (2017), GURIRA AND MLAMBO

Oradora en español: María Recuenco Peñalver, España.
Orador en inglés: Johannes Siziwa, Zimbabue.

Discurso disponible aquí:

Buenos días a todos. Esperamos que sigan disfrutando al máximo de estas XXI Jornadas del Cine del Mundo, organizadas por la Asociación Internacional de Guionistas y que van a estar centradas en el día de hoy en el continente africano. El conferenciante que nos acompañará en la primera sesión de esta mañana es el Sr. Oriel Musarurwa. El Sr. Musarurwa ha trabajado durante varios años en los Estados Unidos y Canadá como crítico de cine africano y está encantado de compartir su pasión con nosotros. Sr. Musarurwa, le agradezco enormemente, tanto en mi nombre, como en el nombre de todos los aquí presentes, que haya aceptado nuestra invitación. En tanto que especialista en cine africano y, en concreto, de Zimbabue (país del que es originario), estoy segura de que todos estamos deseando escuchar lo que nos viene a contar hoy. Seguro que no soy la única en admitir que mi conocimiento sobre el tema es bastante escaso, por no decir inexistente. Quedo de antemano agradecida por todo lo que vamos, seguramente, a aprender hoy con usted. Le cedo, sin más dilación, pues, la palabra, Sr. Musarurwa. Muchas gracias.

Good morning, ladies and gentlemen. I really appreciate your kind words and the consideration offered. As you just mentioned, the general lack of knowledge regarding Zimbabwean cinema, is something that, I would say, happens not only in this country, Spain, or the European Union, but I dare to say, applies to most of the world, even on the African continent.

That said, I would like to start my intervention by speaking about a relatively recent Zimbabwean movie titled *Cook off*. I will then introduce two young Zimbabwean actresses who have reached international recognition. They are Sibongile Mlambo and Danai Jekesai Gurira.

Let us start with *Cook off*, which gained popularity thanks to it being the very first Zimbabwean film to be streamed on Netflix on June 2020. The movie won many awards at local and international film festivals.

Cook off is a Zimbabwean romantic comedy film, that was released in the year 2017. The plot is set in contemporary middle-class Harare. The main character, Anesu gets pregnant at primary school and decides to become a single mother, after which she drops out of school to look after her son. Her life takes a turn when her son arranges for her to compete on a reality television cooking competition, where she has to compete with real contenders and falls in love with Prince.

Cook off is the second Zimbabwean film to obtain international recognition after *Neria*, the 1993 movie based on Tsitsi Dangaremba's novel, considered the highest-grossing film in Zimbabwean history.

After this brief presentation of this particular movie, that I invite all of you to watch, I would like to move on by introducing Sibongile Mlambo and Danai Jekesai Gurira, two Zimbabwean actresses who, as I stated earlier, have reached well-deserved international recognition.

Sibongile Mlambo (born in 1990) is a California based Zimbabwean and South African (through her mother) actress, dancer and model. Her name means "we are thankful" in Zulu. Mlambo left Zimbabwe in 2005 to continue her education in the United States. In 2011, Mlambo was working in South Africa and later moved back to the States. You should know that she also lived for a brief period in Spain.

Mlambo made herself a name as a talented dancer and a coveted model. On the showbiz arena she is known for her featuring roles in 2018 TV series on Netflix called *Lost in Space*, the historical adventure Emmy award-winning television series *Black Sails* and films *Honey 3* and *The Last Face*. In 2017, she starred alongside Chadwick Boseman in *Message from the King*. She is also very well-known for her role as Tamora Monroe on MTV series *Teen Wolf*, and as the first African actress to play a mermaid role on US Television on the Freeform television series *Siren*.

As for Danai Jekesai Gurira, she is a Zimbabwean-American actress, born in 1978, famous for starring as Michonne on the horror drama television series *The Walking Dead* (from 2012 to 2020) and as Okoye in the Marvel Cinematic Universe superhero films *Black Panther*, *Avengers: Infinity War*, and *Avengers: Endgame*. Gurira was born in Grinnell, Iowa, where she lived until 1983, when she moved back with her family to Harare. She then returned to the United States to study. As a playwright, Gurira holds the accolade of being the first African female writer to have a play on Broadway and to highlight the perspective of African women to the theatre world. She is the showrunner and executive producer of *Americanah*, a miniseries for HBO Max, her own adaptation from the successful novel by Chimamanda Ngozi Adichie.

In 2016, Gurira founded the non-profit organization Love Our Girls, an awareness-building campaign aimed to drawing attention to the challenges that women are suffering all over the world. She is also co-founder of Almasi Arts, an organization committed with arts education in Zimbabwe and which works to give access and opportunity to the <u>African Dramatic Artist</u>. Gurira was announced as a <u>UN Women Goodwill Ambassador</u> in December 2018.

On this very high note, I will finish my intervention. I hope you found interesting this (most likely) very first contact with Zimbabwean contemporary cinema and I trust your curiosity has been awoken.

I am happy to answer any questions you may have and I thank you all for your attention.

Muchas gracias, Sr. Musarurwa. Ha sido una charla muy interesante e informativa. Aprovecho para darle las gracias también por la organización e informar a los asistentes de que a las 20:00 de esta tarde se llevará a cabo la proyección de la película Cook off *en la sala 3 de este mismo edificio. Por supuesto, están todos invitados, pero les rogamos nos notifiquen su intención de asistir.*

Y ahora, sin más, doy paso a una ronda de preguntas entre el público antes de proceder al descanso para nuestro café. Les recuerdo que las personas que desean fumar podrán hacerlo en quince minutos en el patio exterior al que pueden acceder por la puerta que tienen a mi derecha, una vez finalizadas las preguntas.

Muchas gracias a todos.

Propuesta de equivalencias al inglés:

— African Dramatic Artist: artista escénico africano

— an awareness-building campaign: campaña de sensibilización

— arranges for her to compete: la inscribe en un concurso

— California based Zimbabwean and South African (through her mother) actress, dancer and model: actriz, bailarina y modelo afincada en California de origen zimbabuense y sudafricano (por vía materna)

— coveted: codiciada

— drops out of school: deja el colegio

— featuring roles: papeles

— Freeform television series: serie de televisión estadounidense de Freeform

— highest-grossing film: película más taquillera

— historical adventure Emmy award-winning television series: serie de televisión de aventuras históricas ganadora de un Emmy

— holds the accolade of: tiene el honor de

— horror drama series: serie dramática de terror

— lack of knowledge: desconocimiento

— made herself a name: hacerse conocida, hacerse un nombre como

79

— Marvel Cinematic Universe superhero films: películas de superhéroes del universo cinematográfico Marvel
— miniseries for HBO Max: miniserie para HBO Max
— MTV series: serie de MTV
— non-profit organization: organización sin ánimo de lucro
— playwright: dramaturga
— plot: trama
— reached international recognition: gozar de reconocimiento internacional
— real contenders: participantes de verdad
— reality television cooking competition: concurso de cocina televisado
— romantic comedy film: comedia romántica
— set in contemporary middle-class Harare: habla de un ambiente de clase media en Harare
— showbiz arena: mundo del espectáculo
— showrunner: creadora
— starred: protagonizó
— starring: famosa por protagonizar el papel de
— the main character: la principal protagonista
— UN Women Goodwill Ambassador: Embajadora de buena voluntad de ONU Mujeres
— was released: fue estrenada
— well-deserved international recognition: merecida fama internacional
— Zimbabwean-American actress: actriz zimbabuense-estadounidense
— Zulu: (lengua) zulú

Image 12. *Zimbabwean politics and Robert Mugabe*

ZIMBABWEAN POLITICS AND ROBERT MUGABE

Oradora en español: María Recuenco Peñalver, España.
Orador en inglés: Johannes Siziwa, Zimbabue.

Discurso disponible aquí:

Buenas tardes a todos. Antes de nada, me gustaría dar las gracias a todos los presentes por acompañarnos en estas Primeras Jornadas Informativas sobre Grandes Personalidades Políticas del siglo XXI, organizadas por la Facultad de Ciencias Políticas de la Universidad de Montevideo. Igualmente agradecidos estamos también a la asociación de estudiantes de dicha Facultad por su gran ayuda y su gran equipo de voluntarios, sin los que la organización de esta iniciativa habría sido prácticamente imposible.

Como pueden ver en el programa que les hemos hecho llegar, cada una de las jornadas estará destinada a un continente. Para empezar, esta tarde, nos centraremos en el continente africano y vamos a empezar hablando del sur de África y, concretamente, del caso de Zimbabue. Para ello, tenemos el gran privilegio de contar con el saber y la experiencia del profesor Tatenda Mpofu, catedrático de Ciencias Políticas de la Universidad de Zaragoza. El profesor Mpofu es originario de Zimbabue, pero lleva muchos años viviendo en España, después de haber pasado también largas temporadas en Francia.

Profesor, muchas gracias por hacer accedido a estar esta tarde aquí. Puede empezar su charla.

Good afternoon, everybody. I am really honoured to be part of these Sessions on African Politics and to be able to speak to you a little bit about my country, even thou I will be touching on a particular aspect that it is not the most attractive nor one I am <u>proud of</u>.

In terms of Zimbabwean politics, there is a name that <u>comes to almost everyone's mind</u> when we speak about Zimbabwe, and it surely is <u>controversial political figure</u> Robert Gabriel Mugabe, the person who basically <u>dominated Zimbabwe's politics</u> for nearly four decades.

I will start by talking about Mugabe's early life.

Following that, I will briefly describe his political career, that led to his <u>election as Prime Minister</u> of the country in 1980.

I will then move onto some general characteristics of his (many) years in power. Then, to finish up, I will describe the way his political career came to an end in 2017.

Mugabe was born on 1924 to a poor Shona family in Southern Rhodesia and his first work was as a schoolteacher in Southern and Northern Rhodesia, and Ghana as well. Infuriated by white minority rule of his home country within the British Empire, Mugabe supported Marxism and joined the first generation of African nationalists aspiring to an independent nation led by the black majority. Sentenced by sedition, he was imprisoned between 1964 and 1974. After his release, he fled to Mozambique, where he established his leadership over the political party ZANU, Zimbabwe African National Union.

ZANU had been created in 1963, while Mugabe was in prison, when the then main black nationalist organisation in Southern Rhodesia, ZAPU (Zimbabwe African People's Union), split into two groups. The split-away group was the Zimbabwe African National Union (ZANU), which recruited members from most of the Shona regions, while ZAPU mainly enlisted from Ndebele-speaking regions.

From July 1964 to December 1979, the Rhodesian Bush War —also called the Zimbabwe War of Liberation— took place in the unofficial country of Rhodesia, in what was basically a civil war.

The end of this war was reached by the signature of an Internal Settlement in 1978 and led to the approval of universal suffrage in 1979. It also meant the end of white minority rule in the newly renamed Zimbabwe-Rhodesia, under a new government of black majority. However, this new order did not get international recognition and so, the war continued until the signature of the Lancaster House Agreement in December 1979, that finally put an end to the war and the country returned temporarily to British control.

In March 1980, general elections were held under British and Commonwealth supervision and the party ZANU-PF led by Mugabe won. Mugabe became Prime Minister of then renamed Zimbabwe on 18 April 1980 and the country finally gained internationally recognised independence later that year.

Mugabe's administration, among other measures, expanded healthcare and education. He also reached an agreement with North Korean President Kim Il Sung, under which the North Korean military would train the so called Zimbabwean Fifth Brigade, directly subordinated to the Prime Minister's office.

Pursuing decolonisation, a very controversial part of Mugabe's mandate was related to his plan for redistribution of land owned by white farmers to landless blacks. Frustrated by the slow progress, from 2000 he backed black Zimbabweans to repossess white-owned farms by violent means. As a consequence, the food production in the country ended severely impacted, which resulted in a big economic decline, famine, and Western sanctions.

Opposition to President Mugabe was raised. He was nevertheless re-elected in 2002, 2008, and 2013 through campaigns characterised by violence, electoral fraud and nationalistic appeals to his rural Shona voter supporters.

But 2017 was the year Zimbabwe saw the political end of Mugabe's career. While he never acted alone, Emmerson Mnangagwa, the current President of Zimbabwe, was his faithful companion for over 50 years. In November 2017, Mugabe sacked Mnangagwa as his <u>first vice-president</u>. A few days later, on 15 November 2017, the Zimbabwe National Army placed Mugabe <u>under house arrest</u>, and on 19 November 2017, he was sacked as leader of ZANU–PF, and Mnangagwa appointed in his place. The party then gave Mugabe an ultimatum: he had to <u>resign</u> by noon the following day. Mugabe refused to do so, and ZANU–PF <u>deputies</u> <u>introduced an impeachment resolution</u> on 21 November 2017.

Mugabe and his quite also problematic wife (and at a time his most likely successor), Grace Mugabe, managed to negotiate a deal before his <u>acceptance of resignation</u>. Thanks to it, Mugabe and his kin, together with his business interests were <u>granted impunity</u>, and he would also receive an <u>imbursement</u> of at least $10 million.

Loved and hated to an equal degree, he died on 6 September 2019 in Singapore, where he had been receiving medical treatment for the last months. His death put an end to an era in the country, for on the one hand, Mugabe was acclaimed as a revolutionary hero of the <u>African liberation struggle</u>. On the other hand, nevertheless, many voices accused him of being a dictator responsible for widespread corruption, <u>economic mismanagement</u>, human rights abuses, crimes against humanity and <u>anti-white racism</u>.

Since the turn of the century, an <u>appalling</u> deterioration of general living conditions has forced several million Zimbabweans to go into exile. Back in the days, my homeland was <u>one of the richest and best run countries</u> in the whole African continent. I really hope things will change and we will see soon that again.

I thank you for your kind attention.

Muchas gracias, profesor Mpofu. Ha sido una charla extremadamente interesante y le quedamos muy agradecidos por ello. Estoy segura de que todo el mundo en la sala había oído hablar de Robert Mugabe, pero seguramente desconocía muchos de los datos que nos ha proporcionado usted.

Antes de dar paso a la ronda de preguntas que estoy segura están todos deseando iniciar, me gustaría informarles de que el señor Mpofu ha accedido a acompañarnos, casi a modo de guía, al Museo Africano que se encuentra, como todos saben, en la plaza del Comendador, a unos escasos 200 metros de aquí. Los interesados en realizar la visita pueden acudir a las siete y media de la tarde a la puerta de entrada del edificio, desde donde caminaremos todos juntos hasta el Museo. Allí permaneceremos durante una hora y luego volveremos al hotel, donde se servirá la cena a las nueve.

Muchas gracias de nuevo, profesor Mpofu. Demos paso a la ronda de preguntas.

Propuesta de equivalencias al inglés:

— acceptance of resignation: aceptación de la dimisión
— African liberation struggle: lucha por la liberación africana

— African nationalists: nacionalistas africanos

— anti-white racism: racismo contra los blancos

— appalling: espantoso

— approval: aprobación

— backed: respaldó

— comes to almost everyone's mind: le viene a todo el mundo a la cabeza

— controversial political figure: controvertida figura política

— decline: declive

— deputies: diputados

— directly subordinated to: que respondía directamente a

— dominated Zimbabwe's politics: dominó la política de Zimbabue

— economic mismanagement: malversación de fondos

— election as Prime Minister: elegido Primer Ministro

— end of white minority rule: fin del gobierno de la minoría blanca

— enlisted: enlistó

— established his leadership over: se convirtió en el líder de

— first vice-president: primer vicepresidente

— fled: huyó

— food production: producción de comida

— general elections were held: se celebraron elecciones generales

— granted impunity: garantizar impunidad

— healthcare: sanidad

— imbursement: cantidad

— imprisoned: encarcelado

— infuriated by: furioso por

— internal Settlement: acuerdo interno

— international recognition: reconocimiento internacional

— internationally recognised independence: independencia reconocida internacionalmente

— introduced an impeachment resolution: presentaron una resolución de destitución

— kin: familiares

— Lancaster House Agreement: Acuerdo de Lancaster

— land owned by white farmers: tierras de arrendatarios blancos

— landless blacks: negros sin tierras

— led by the black majority: dirigido por la mayoría negra

— main black nationalist organisation in Southern Rhodesia: principal organización nacionalista negra de Rodesia del Sur

— Mugabe's mandate: el mandato de Mugabe

— Mugabe's administration: el gobierno de Mugabe

— nationalistic appeals: llamamientos nacionalistas

— Ndebele-speaking regions: regiones de habla ndebele

— new government of black majority: Zimbabue-Rodesia, bajo un nuevo gobierno de mayoría negra

— North Korean President: presidente norcoreano

— one of the richest and best run countries: uno de los países mejor gestionados y más ricos.

— Prime Minister's office: oficina del primer ministro

— proud of: orgulloso de

— pursuing decolonisation: con el objetivo de la descolonización

— recruited: reclutó

— redistribution: redistribución

— related to: relacionado con

— release: liberación

— repossess: recuperación

— resign: dimitir

— Rhodesian Bush War: Guerra de Bush de Rodesia. El término «bush» hace referencia al conflicto militar que tuvo lugar en lo que entonces era Rodesia (actualmente Zimbabue) entre los años 1964 y 1979. Es importante destacar que la traducción literal del término «Bush War» sería «Guerra de Bush», pero en este contexto específico, se refiere a un conflicto guerrillero en áreas rurales o selváticas, en tanto que la palabra «bush» significa «arbusto» en español.

— rural Shona voter supporters: votantes rurales shona

— sacked: despedido

— sentenced by sedition: condenado por sedición

— Shona family: familia shona

— Shona regions: regiones shona

— signature: firma

— Southern and Northern Rhodesia: Rodesia del Norte y del Sur

— Southern Rhodesia: Rodesia del Sur

— split: escindirse
— split-away group: el grupo disidente
— (to place) under house arrest: (poner) bajo arresto domiciliario
— under British and Commonwealth supervision: bajo supervisión británica y de la Commonwealth
— universal suffrage: sufragio universal
— unofficial country of Rhodesia: país que no gozaba de reconocimiento oficial
— white minority rule: dominio de la minoría blanca
— white-owned farms: granjas pertenecientes a blancos
— widespread: generalizada
— ZANU, Zimbabwe African National Union: ZANU (Unión Nacional Africana de Zimbabue)
— ZAPU (Zimbabwe African People's Union): ZAPU (Unión Popular Africana de Zimbabue)
— Zimbabwe War of Liberation: Guerra de Liberación de Zimbabue
— Zimbabwean Fifth Brigade: Quinta Brigada de Zimbabue
— Zimbabwe-Rhodesia: Zimbabue-Rodesia

Conclusiones

Contar con material didáctico específico para entrenar a intérpretes de conferencias en el inglés hablado en África es esencial para garantizar un aprendizaje efectivo y la preparación adecuada de profesionales en este campo especializado. La singularidad de la variedad del inglés en África, marcada por sus contextos culturales, históricos y lingüísticos, subraya la necesidad de recursos educativos adaptados a esta realidad.

De este modo, la diversidad lingüística en África impone un desafío único para los intérpretes. La existencia de una multiplicidad de lenguas maternas y dialectos exige un entendimiento profundo de las sutilezas lingüísticas, las expresiones idiomáticas y las variaciones fonéticas presentes en las conferencias. El material didáctico que se ofrece en este manual ofrece ejemplos y ejercicios específicos que abordan estas peculiaridades, permitiendo a los intérpretes familiarizarse con la riqueza lingüística del entorno africano, en particular, de Zimbabue.

Además, la contextualización cultural es un componente crucial en la interpretación de conferencias en África. El material didáctico incluye ejemplos y escenarios que reflejan la diversidad cultural de la región, lo que ayuda a los intérpretes a comprender no solo el idioma, sino también las connotaciones existentes detrás de las palabras. Esto contribuye a una interpretación más precisa y respetuosa de los discursos, evitando malentendidos culturales que podrían surgir sin una preparación adecuada.

Otro aspecto importante es la adaptación a los temas específicos que se tratan en las conferencias africanas. Los materiales didácticos se centran en vocabulario técnico y terminología especializada utilizada en campos como la historia, la política, la música o la cultura, por ejemplo. Al proporcionar un conjunto completo de recursos que abarcan diversas áreas temáticas relevantes para el contexto africano, y en particular de Zimbabue, los intérpretes podrán desenvolverse con confianza en conferencias de distintas índoles.

Asimismo, el material didáctico incorpora discursos que simulan, en lo posible, aspectos culturales reales, permitiendo a los intérpretes desarrollar habilidades específicas, como la toma de apuntes rápida, la memoria de trabajo y la capacidad para manejar el estrés de situaciones en tiempo real.

En resumen, la pertinencia de contar con material didáctico especializado para la formación de intérpretes de conferencias en el inglés de África, y en particular de Zimbabue, radica en su capacidad para abordar las complejidades lingüísticas y culturales únicas de la región. Estos recursos no solo facilitan un aprendizaje más efectivo, sino que también contribuyen a la preparación de intérpretes capaces de construir puentes efectivos entre las diversas lenguas y culturas presentes en el continente africano.

Para concluir, esperamos que el presente volumen venga a ocupar el vacío existente en torno a materiales didácticos para la interpretación del inglés en África, y más concretamente en la variedad de Zimbabue. Un terreno inexplorado hasta la fecha. A su vez, este trabajo también podrá ser de utilidad para la didáctica de aspectos culturales, lingüísticos, colocaciones o fraseológicos, entre otros, del inglés de Zimbabue. Y, por supuesto, esperamos que, a esta primera aportación dedicada a África de la serie dedicada a InterpretÁfrica, puedan seguirle muchas más[1]. En la encrucijada de lenguas, la interpretación se convierte en un arte de conexión. Esperamos que este libro inspire a todos los intérpretes a ser guardianes de la diversidad lingüística y cultural, asegurando que ninguna voz se pierda en el camino. La importancia de entrenar a los futuros profesionales de la interpretación del inglés en sus variedades africanas es de suma relevancia, pues en este continente la interpretación es un arte y una necesidad. A medida que cerramos este libro, llevamos con nosotras el compromiso de ser facilitadoras del diálogo global y constructoras de puentes que conectan las voces de África con el resto del mundo.

---

[1] Asimismo, ya contamos con una serie dedicada al español de Latinoamérica para el entrenamiento en la técnica de interpretación inversa (*vid.* Lazzaro-Salazar *et al.,* 2024).

Bibliografía

Arce Romeral, Lorena y Miriam Seghiri. 2018. «Booth-friendly term extraction methodology based on parallel corpora for training medical interpreters». *Current Trends in Translation Teaching and Learning E*, 5. 1-46. http://www.cttl.org/uploads/5/2/4/3/5243866/cttl_e_2018_1.pdf

Castillo-Rodríguez, Cristina; Cristina Toledo Báez y Miriam Seghiri. 2023. «Teaching Interpreting in Times of COVID: Perspectives, Experience and Satisfaction». *Revista de Lingüística y Lenguas Aplicadas*, vol, 18. 19-33- https://polipapers.upv.es/index.php/rdlyla/issue/view/1232

Corpas Pastor, Gloria y Miriam Seghiri (eds.). 2016. *Corpus-based Approaches to Translation and Interpreting: from Theory to Applications*. Ámsterdam: Peter Lang.

— 2024/en prensa. *Tecnología e interpretación: nuevos horizontes didácticos y profesionales*. Granada: Comares.

Lazzaro-Salazar, Mariana; Miriam Seghiri, Andrew Philominraj, Belén Valdés-Villalobos y Enrique A. Mundaca. 2024/en prensa. *INTERPRETAMÉRICA: interpretación de conferencias del español de Chile*. Granada: Comares.

Pérez Carrasco, Míriam y Miriam Seghiri (eds.). 2024a/en prensa. *Nuevas tendencias en traducción e interpretación especializadas*. Ámsterdam: Peter Lang.

Pérez-Carrasco, Míriam y Miriam Seghiri. 2024b/en prensa. «La enseñanza-aprendizaje de la interpretación en el ámbito técnico: el caso de InterpreTECH». En Carmen Balbuena Torezano (ed.). *La traducción y la interpretación en tiempos de pandemia*. Ámsterdam: Peter Lang.

— 2024c/en prensa. «Generación de un glosario basado en corpus para la interpretación: el caso de TECNICOR». En Seghiri, Miriam y Gloria Corpas Pastor (eds.). *Tecnología e interpretación: nuevos horizontes didácticos y profesionales*. Granada: Comares.

Seghiri, Miriam. 2017. «Corpus e interpretación biosanitaria: extracción terminológica basada en bitextos del campo de la Neurología para la fase documental del intérprete». *Panace@: Revista de Medicina, Lenguaje y Traducción*, 18 (46). 123-132. http://www.tremedica.org/panacea/ IndiceGeneral/n46_tribuna-MSeghiri.pdf

Zarandona, Juan Miguel. 2010. «La lengua inglesa en África». En José Luis Caramés Lage (coord.). *Pensamiento, magia, literatura, lengua y cine en el África subsahariana de influencia inglesa*. Madrid: Bohodón Ediciones, pp. 147-218.

Sobre los autoras
(por orden alfabético)

Recuenco Peñalver, María

Es profesora de inglés en el Departamento de Traducción e Interpretación de la Universidad de Málaga (España), licenciada en Traducción e Interpretación y doctora en Traducción y Literatura por la Universidad de Málaga. Ha impartido docencia en universidades nacionales (Universidad Autónoma de Barcelona, Universidad de Valladolid, Universidad de Las Palmas de Gran Canaria) e internacionales (Universidad Jaguellona de Cracovia, Universidad de Jordania, Universidad de Namibia, Universidad de Ciudad del Cabo y Universidad de Pretoria), entre otras. Es autora de varias traducciones literarias, tanto de novela como relato.

Es experta evaluadora de tesis doctorales, miembro del comité organizador de congresos y conferencias varias y evaluadora de capítulos de libros y artículos para distintas publicaciones. Es también miembro del Consejo de Redacción de *Hermeneus. Revista de Traducción e Interpretación* de la Universidad de Valladolid y del Consejo Asesor de *TRANS. Revista de Traductología* de la Universidad de Málaga.

Fue vicepresidenta de la Asociación de Hispanistas del Sur de África (2017-2022) y en la actualidad es investigadora asociada de la Universidad de Ciudad del Cabo (Sudáfrica). También es miembro de los grupos de investigación reconocidos TRADHUC (Traducción Humanística y Cultural) de la Universidad de Valladolid y Traducción, Literatura y Sociedad (TLS) de la Universidad de Málaga, además de miembro de la Asociación de Científicos Españoles en el Sur de África (ACE Sur de África).

Es traductora jurada por el Tribunal Supremo de Sudáfrica desde 2014. En la actualidad, sus principales líneas de investigación se centran en la interpretación simultánea y bilateral y en la traducción especializada (sobre todo, jurada y científica).

Seghiri, Miriam

Es catedrática de Universidad en el Departamento de Traducción e Interpretación de la Universidad de Málaga (España). Licenciada y doctora en Traducción e Interpretación por la Universidad de Málaga y Graduada en Derecho por la Universidad Internacional de la Rioja. También ha impartido docencia internacional en la Universidad de Dickinson College (EE.UU.), en la Universidad de Cambridge (Reino Unido), en la Universidad de Jordania (Jordania), en la Universidad de Montevideo (Uruguay), en la Universidad de Buenos Aires (Argentina), en la Universidad de Namibia (Namibia) y en la University of West Sydney (Australia), entre otras, así como en las Licenciaturas en Traducción e Interpretación de las Universidades de Murcia y Córdoba, en España.

Asimismo, es Vicerrectora Adjunta de Cooperación Internacional y Política Lingüística de la Universidad de Málaga. También es directora adjunta de cuatro publicaciones periódicas de Derecho y jefa de estudios del Máster Erasmus Mundus en Tecnologías de la Traducción e Interpretación.

Le han sido concedidos galardones como el Premio Extraordinario de Doctorado, el Premio George Campbell, el Premio de investigación en Humanidades "María Zambrano" o el Premio de Tecnologías de la Traducción de España, por la implementación del algoritmo N-Cor, que subyace a la aplicación informática Recor. El mencionado algoritmo N-Cor se encuentra actualmente patentado a través de la Oficina Española de Patentes y Marca y, en la actualidad, es el más licenciado en la historia de la Universidad de Málaga.

Es miembro del Instituto Universitario de Investigación de Tecnologías Lingüísticas Multilingües (IUITLM), así como del Grupo de Investigación LexyTrad (ref. HUM-106) al que pertenece desde hace más de dos décadas. Sus líneas de investigación abarcan, principalmente, la lingüística del corpus y las nuevas tecnologías aplicadas a la traducción e interpretación. Es autora de obras en la misma línea del volumen que nos ocupa, como *INTERPRETAMÉRICA: interpretación de conferencias del español de Chile*. Los resultados de su investigación se han dado a conocer a través de diversos foros académicos tanto nacionales como internacionales.

colección

INTERLINGUA

Director: PEDRO SAN GINÉS AGUILAR • ANA BELÉN MARTÍNEZ LÓPEZ